엄마표 첫 영어놀이 100

엄마표 첫 영어 놀이 100

개정판 1쇄 발행 2018년 4월 20일

지은이 마선미
발행인 유성권
펴낸곳 ㈜이퍼블릭

출판등록 1970년 7월 28일, 제1-170호
주소 서울시 양천구 목동서로 211 범문빌딩 (07995)
대표전화 02-2653-5131 | **팩시밀리** 02-2653-2455
www.loginbook.com

로그인은 (주)이퍼블릭의 실용서 브랜드입니다.

엄마표 첫 영어놀이 100

마선미 지음

로그인

'영어'라는 새 친구, 놀이로 소개시켜 주세요

저는 평소에 엄마들에게 "아이에게 영어를 군이 엄마가 가르치려고 하지 말자"고 합니다. 안 그래도 바쁜 엄마들이 별로 좋아하지도 않는 영어를 오직 아이의 미래를 위해서 다시 시작해야 한다면 아이에게 영어에 대한 흥미를 심어주기는커녕 엄마의 스트레스만 쌓이는 역효과를 초래할 수도 있기 때문입니다.

그러나 엄마가 영어를 즐겁게 가르칠 수 있다면 얘기는 달라집니다. 아이가 가장 믿고 신뢰하는 사람인 엄마로부터 영어를 접하게 되면 아이는 영어라는 새 친구에 대해 좋은 인상을 갖게 되고, 이는 영어와 관계에 두고두고 좋은 기반이 되어 줄 테니까요.

저 또한 아이에게 영어를 공부로 접근시키기보다는 아이가 좋아하는 기차 놀이를 같이 하면서 그 안에서 기차가 train이고, 차량의 수를 때로 one, two, three… 하고 세면서 아주 살짝 살짝 영어를 들려주려고 했었죠. 물론 처음에는 그런 식으로 해서 어느 세월에 수많은 영어 어휘를 다 배우게 될까 답답하기도 했지만, 무작정 어려운 영어를 아직 준비되지 않은 아이에게 강요하는 것은 금물임을 잘 알기에 인내하며 영어의 가랑비를 계속 내려 주었습니다. 그랬더니 아이가 스스로 뭔가를 깨달을 수 있는 정도로 자라자, 그때는 좀 더 어려운 책을 잡기 시작하더군요. 놀이로 영어에 접근한 것이 잘했다 싶었습니다.

그런 뜻에서 마선미 선생님의 《엄마표 첫 영어 놀이 100》은 아이들이 신나게 놀면서 영어를 익힐 수 있도록 도와주는 최적의 유아영어 책이라고 할 수 있습니다. 엄마표 영어에 늘 부담을 느꼈다면 영어를 잠시 생각하지 마시고 아이와 즐거운 놀이 한판에 영어를 그저 약간만 끼워 준다고 생각하면서, 이 책에 제시된 활동을 아이와 함께 해 보세요. 엄마와 아이 모두 유쾌한 영어 체험을 시작할 것입니다.

영어교육가 **이보영**

'엄마표 영어놀이'로 영어 좋아하는 아이로 키우세요

아이들은 놀면서 배운다고 하죠? 실제로 자녀를 영어 영재로 키워낸 엄마들에게 영어 잘하는 비결을 물어보면 하나같이 '영어를 놀이를 통해 가르쳤다'라고 답변을 합니다. 그래서인지 영어 잘하는 아이들은 영어가 참 좋다고 합니다.

그런데 영어 놀이가 좋다는 것은 다들 알지만, 문제는 엄마들이 늘 바쁘다는 겁니다. 아이들 간식에, 집안일에, 직장일까지… 마음은 있지만 시간을 내서 아이들과 영어로 놀아주기란 참 쉽지 않습니다.

그래서 저는 이 책에 어떤 엄마가 따라 해도 참 쉽고 재미있는 '손쉬운 영어 놀이 100가지'를 엄선하여 수록하였습니다. 아무리 좋은 놀이라도 준비물이 복잡하거나 따라 하기 힘든 것들은 과감히 배제하였습니다. 시간이나 재료가 많이 필요한 영어놀이는 늘 바쁜 엄마들에게는 '그림의 떡'처럼 보기에는 좋으나 활용은 불가능한 내용이라고 판단하였기 때문입니다.

또한 이 책에 나오는 영어 놀이 100가지는 아이 키우는 집이라면 대부분 가지고 있는 재료로 할 수 있습니다. 라면 상자, 분유통, 페트병, 광고 전단지… 집 안에 있는 모든 것들이 다 영어놀이 교구가 됩니다. 따라서 아이와 함께 영어 놀이를 시작하면 재활용 쓰레기가 적게 나온다는 장점이 있는 반면, 뭔가를 쉽사리 버릴 수 없게 된다는 부작용(?)이 있습니다.

거실 탁자나 부엌 식탁처럼 눈에 잘 띄는 곳에 이 책을 두고, 아이에게 직접 그날의 놀이를 고르게 하세요. 책과 함께 차근차근 하나씩 하다 보면, 어느새 아이나 엄마의 영어 실력이 쑥쑥 느는 것을 느끼게 될 것입니다. 영어 영재는 결코 멀리 있는 것이 아니랍니다. 자, 오늘 당장 시작해 봅시다!

저자 **마선미**

이 책에 등장하는 멋진 사진들을 위해 고생해 준 어린 친구들 대현이, 서진이, 아름이, 승우에게 감사의 마음을 전합니다.

활용법

놀이 과정이나 준비물이 복잡한가요? ···▶ No!
아이가 영어를 좋아하게 되나요? ···▶ Yes!

그림카드
10종 부록은
덤!

1 거실에 두면 아이 영어가 달라집니다!

우리 아이는 영어를 싫어한다고요? 거실 탁자나 부엌 식탁 등 아이 눈에 잘 띄는 곳에 이 책을 두세요. 영어라면 줄행랑치던 아이도 먼저 영어로 놀자고 졸라댑니다!

2 100가지 영어놀이를 매일매일 골라 노는 재미!

알파벳, 모양, 색깔, 가족, 요리 등 총 20개 주제로 분류된 영어놀이가 무려 100가지! 매일매일 골라 노는 재미에 영어가 정말 즐거워집니다!

3 집 안에서, 차 안에서 MP3 음원을 적극 활용하세요!

아이들과 신나게 논 후에는 함께 제공되는 MP3 음원으로 아이의 영어 귀도 쫑긋 사로잡아 주세요.

엄마표 영어에 유용한 인터넷 사이트

www.englishplus.co.kr

영어 선생님과 엄마들의 보물창고. 특히 '수업자료' 코너를 누르시면 다양한 주제의 플래시카드를 엄마표로 만들어 출력하여 사용할 수 있습니다.

www.lil-fingers.com

영유아를 대상으로 다양한 게임, 스토리북 등을 소개하고 있어, 스토리북을 함께 읽으면서 어린 아이들과 함께 재미있는 시간을 보낼 수 있습니다. 특히, 처음 동화책을 읽기 시작한 아이들에게 좋습니다.

www.kizclub.com

영어를 가르치는 사람이라면 누구나 한 번은 가 보는 사이트입니다. 파닉스 카드, 다양한 액티비티, 동화책에 나오는 그림들을 출력하여 사용할 수 있으며, 주제별로 클립아트도 있어 다양하게 활용할 수 있습니다.

www.kididdles.com

방대한 양의 동요를 수록해 놓은 곳으로 알파벳 순서대로, 또는 주제별로 노래를 검색할 수 있습니다. 다만, 일부는 가사만 있어 노래를 들을 수 없다는 단점이 있습니다.

www.abcteach.com

유아부터 중학생까지의 아이들을 위한 플래시카드 등 수업에 활용하기 좋은 다양한 자료가 있는 곳입니다. 영국, 미국의 명절뿐 아니라 중동의 명절에 대한 액티비티도 있어, 세계 여러 나라의 문화 체험도 가능합니다.

차례

알파벳

알파벳 낚시

unit 1

알파벳을 가르칠 때는 무엇보다 알파벳과 친해지게 하는 게 중요합니다.
아이라면 누구나 좋아하는 알파벳 낚시로 알파벳 세계에 빠져 봐요.

준비물
색종이, 클립, 실, 자석, 나무젓가락

step 1

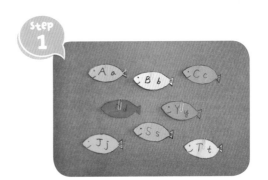

알파벳 대문자를 함께 적고, 클립을 끼워 둡니다.

Let's play an alphabet fishing game.
알파벳 낚시를 하자.

step 2

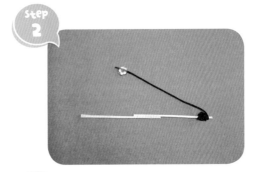

나무젓가락에 실로 자석을 매답니다. 자석은 광고지에 붙은 걸 활용하세요.

This is a fishing rod.
이건 낚싯대란다.

step 3

신나는 알파벳 낚시 시작!

Let's catch fish! Catch "N".
물고기를 잡아 보자! 'N'을 잡아 보렴.

This is Alphabet Sea.

여기는 알파벳 바다란다.

Where is "D"? Catch "D".

'D'가 어디 있니? 'D'를 잡아 보렴.

Here! I got it.

여기요! 잡았어요.

Sorry! It's B. But nice try!

그건 B란다. 그래도 잘했어!

Let's make "DOG". We need D-O-G.

'DOG'를 만들어 보자. D, O, G가 필요하단다.

알파벳을 가르칠 때는 **www.starfall.com** 사이트에 꼭 방문해 보세요.

ABC 바느질

🎧 unit 2

알파벳을 배울 때 반복해서 써 보는 것도 좋지만, 간단한 바느질을 통해서도 익힐 수 있어요. 아이들의 소근육 발달에도 도움이 된다는군요.

준비물
- - - - - - - - - - - - -
두꺼운 도화지, 송곳, 신발끈

step 1

두꺼운 도화지에 알파벳을 쓰고, 군데군데 송곳으로 구멍을 냅니다.

Please write the letter "A" on this paper.

종이 위에 'A'자를 써 줄래?

step 2

신발끈을 구멍에 통과시켜 알파벳을 완성하게 합니다.

Let's stitch "A".

자, 'A'를 바느질하자.

step 3

완성한 알파벳을 읽어 봅니다.

Repeat after me. A.

엄마 따라서 말해 봐. A.

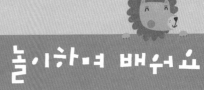

Can you say the alphabet, A to Z?

A에서 Z까지 말해 볼래?

Okay! A, B, C, D...

예! A, B, C, D…….

This is "A". Say "A".

이것이 'A'란다. 'A'라고 말해 볼래?

Can you write "C"?

'C'라고 써 볼래?

I'll write a letter on your palm. What is it?

엄마가 네 손바닥에 알파벳 글자를 써 볼게. 무슨 글자지?

It's "W".

'W'예요.

 알파벳을 가르칠 때 엄마가 조바심을 내기 쉽습니다. 그러나 하루에 알파벳 몇 자를 배우는가보다, 얼마나 꾸준히 반복하는가가 더 중요합니다.

알파벳 003

알파벳

🎧 unit 3

알파벳 뱀

뱀 위에 알파벳을 순서대로 붙이는 놀이를 통해 알파벳 공부를 해 봐요. 이때 알파벳의 대문자와 소문자를 함께 붙이게 하는 것도 좋습니다.

준비물

색도화지, 색종이, 색연필

step 1

도화지에 뱀 그림을 코일 모양으로 그립니다.

What am I drawing?

엄마가 지금 뭐 그리게?

step 2

그림을 가위로 자른 후, 눈을 그리고 혀를 붙여 줍니다.

Look! It's a snake!

봐! 뱀이 되었네!

step 3

알파벳을 뱀의 몸 위에 순서대로 붙입니다.

Let's put the letters onto the snake.

알파벳 글자들을 뱀 위에 붙여 보자.

I'm the alphabet snake.

나는 알파벳 뱀이다.

Give me the correct alphabet, or I'll eat you.

알파벳을 제대로 주지 않으면 잡아먹겠다.

Where is "B"? Please give me "B".

'B'가 어디에 있느냐? 나에게 'B'를 가져와라.

Here. Please don't eat me.

여기 있어요. 제발 절 잡아먹지 마세요.

This is the big "D". Where is the small "d"?

이건 대문자 'D'야. 소문자 'd'는 어디 있니?

Right here. I found it.

바로 여기요. 제가 찾았어요.

〈명령문, **or** 주어+**will**+동사 ~〉는 '~해라, 그렇지 않으면 ~할 것이다'의 뜻이에요.

알파벳 점선 잇기

알파벳은 일정 연령까지는 꾸준히 반복해 주어야 합니다. 아이들이 좋아하는 캐릭터를 이용해서 알파벳 그림을 완성해 봐요.

준비물
얇은 종이, 사인펜

아이가 좋아하는 그림에 얇은 종이를 대고 따라 그립니다.

This is your favorite character, *Pororo*!
네가 좋아하는 뽀로로네!

그림의 일부분에 알파벳을 순서대로 배치합니다.

I'm putting dots and the alphabets!
엄마가 점과 알파벳을 써 넣고 있어!

알파벳을 따라 연결하면 알파벳 그림 완성!

Connect the dots.
점을 연결해 보렴.

What comes after "A"?

'A' 다음에는 뭐가 나올까?

"B" comes after "A".

'A' 다음엔 'B'가 나와요.

Can you point at "C"?

'C'를 가리켜 볼래?

Good! Let's make "C" with your fingers.

잘했어. 손가락으로 'C'를 만들어 보자.

Mom, what is this?

엄마, 이건 뭐예요?

It's "r" as in robot.

그건 로봇의 'r'이네.

영어동화 《**Chicka Chicka Boom Boom**》을 함께 읽으면, 지루하기 쉬운 알파벳 공부를 재미있게 할 수 있어요.

알파벳

5 I spy …

영어놀이는 매번 뭔가를 만들어야 하냐고요? I spy 게임은 별다른 준비물이 필요 없고, 알파벳, 색깔 등 다양한 주제에 활용할 수 있어 좋아요.

준비물

그림책, 상으로 줄 물건

step 1

아이에게 가르치고 싶은 그림책을 골라 둡니다.

What do you want to read today?

오늘 무슨 책 읽을까?

step 2

그림책에 있는 사물 하나를 정합니다. 아이에게 힌트를 주고 찾게 합니다.

I spy with my little eye something beginning with "b".

'b'로 시작하는 사물이 보이네.

step 3

그림에서 사물을 찾으면 상을 줍니다.

Is it bread? / You got it right!

빵이에요? / 잘 맞혔어!

I spy with my little eye something beginning with "b".

'b'로 시작하는 것이 보이네.

Is it butter?

버터예요?

No, its not. Here are some more hints.

아니란다. 힌트 더 줄게.

I spy with my little eye something ending with "d" sound.

'd' 발음으로 끝나는 것이 보이네.

I got it. Bread.

알았어요. 빵이에요.

tip 엄마가 "I spy with my little eye something~"이라고 말할 때 한 눈은 감고 한 눈은 실눈으로 뜬 채로 재밌는 표정을 지어도 재미있어요.

6 도형 선글라스 만들기

멋진 선글라스로 원, 삼각형, 사각형 등 도형 이름을 익혀 봐요. 셀로판지의 색깔을 달리하면 색깔 공부도 함께 할 수 있어요.

준비물

두꺼운 도화지, 셀로판지, 풀, 고무줄

step 1

두꺼운 종이로 여러 모양의 안경테를 만듭니다.

Let's make a pair of sunglasses.

선글라스를 만들어 보자.

step 2

각각의 안경테에 색색의 셀로판지를 붙입니다.

What shapes are these sunglasses?

이 선글라스는 어떤 모양이니?

step 3

고무줄을 연결하면 완성! 끈으로 묶어 주어도 괜찮아요.

You look great!

와, 정말 멋지구나.

What shape of sunglasses do you like the best?
어떤 모양의 선글라스가 제일 좋아?

I like square-shaped sunglasses the best.
네모난 선글라스가 좋아요.

What shape is this clock?
이 시계는 어떤 모양이지?

It's a circle / a triangle.
원/삼각형이에요.

What shape is the notebook?
이 공책은 어떤 모양이지?

It's a square.
정사각형이에요.

 shape는 '모양', 다른 명사 뒤에 나오는 **–shaped**는 '~의 모양으로 된'이라는 뜻이죠.

얼룩덜룩 얼룩말

🎧 unit 7

엄마가 집안일을 하면 아이는 너무 심심해요. 요리할 때 무 한 조각 잘라 이쑤시개에 꽂아 줘 보세요. 아이가 패턴을 재미나게 공부할 수 있어요.

준비물

무, 칼, 이쑤시개, 도화지, 물감

step 1

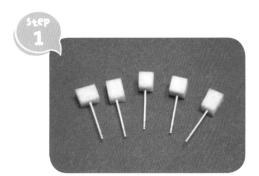

무 또는 과일을 깍둑썰기한 후 이쑤시개를 꽂습니다.

Let's learn animal patterns!

우리 동물 무늬를 배워 보자!

step 2

동물을 그려 주고, 아이에게 무에 물감을 묻혀 동물 무늬를 그리도록 합니다.

Can you draw zebra stripes?

얼룩말 무늬를 그려 볼래?

step 3

몸에 무늬가 있는 다른 동물을 그려 보고, 이야기를 나눠 봅니다.

This is a tiger, and it has many stripes.

이건 호랑이란다. 줄무늬가 많이 있어.

What can you see on zebras?

얼룩말에는 어떤 무늬가 있지?

I see lots of stripes.

줄무늬가 많이 보여요.

What can you see on beetles?

딱정벌레에는 어떤 무늬가 있지?

I see lots of dots.

점이 많이 보여요.

What animal has dots on its body and gives us milk?

몸에 점이 있고, 우유가 나오는 동물은 뭘까?

It's a cow.

그건 젖소예요.

8 사탕 가게 놀이

unit 8

아이들과 함께 사탕 가게 놀이를 해 보세요. 원, 삼각형, 사각형 등의 '모양'은 물론, '색깔'과 '수'의 개념까지 재미있게 익힐 수 있습니다.

준비물

나무젓가락, 색종이

step 1

색종이를 모양별로 잘라 나무젓가락에 붙입니다.

This is Candy Store.

여기는 사탕 가게입니다.

step 2

아이에게 어떤 모양의 사탕을 원하는지 묻습니다.

What shape of candy do you want?

어떤 모양의 사탕을 원하세요?

step 3

어떤 색깔, 몇 개를 원하는지도 물어 봅니다.

How many do you want?
What color do you like?

몇 개 드릴까요? 색깔은 어떤 색이요?

What shape do you want?
어떤 모양을 드릴까요?

I want a triangle.
삼각형 모양 주세요.

Now what color do you like?
그럼 색깔은 어떤 걸로 드릴까요?

I like blue.
파란색이 좋아요.

How much candy do you want?
몇 개 드릴까요?

I want 10 circle-shaped pieces of candy!
동그란 사탕 열 개 주세요!

 에릭 힐의 유명한 시리즈 중 하나인 《Spot Looks at Shapes》를 읽으면서, 모양 공부를 해 보세요.

모양과 패턴
9 감자 도장

아니, 감자를 먹기만 하신다고요? 여러 가지 모양의 감자 도장을 만들어 찍기놀이를 하면 재미있어요. 감자가 없으면 당근이나 고구마를 이용하세요.

준비물

감자, 칼, 물감, 도화지

step 1

감자를 여러 가지 모양으로 깎아 둡니다.

These are the potato stamps.

이게 감자 도장이란다.

step 2

도장의 모양 부분에 물감을 묻혀 도화지에 찍어 봅니다.

Let's stamp on the paper.

종이 위에 도장을 찍어 보자.

step 3

어떤 모양인지 물어 봅니다. 색깔을 물어 봐도 좋습니다.

What shape is it? / It's a heart.

그건 어떤 모양이지? / 하트 모양이에요.

Let's look around the room.
집안을 둘러보자.

Can you find a circle?
동그라미를 찾아보렴.

The table looks like a circle.
식탁이 동그랗게 생겼어요.

Look at the cushion. What shape is that?
쿠션을 봐. 무슨 모양이지?

It's rectangle.
직사각형이에요.

 아이와 함께 집안 구석구석을 돌며 도형 모양의 사물을 찾아보면 신나는 도형 탐험이 됩니다.

10 크레파스 도형 긁기

어렸을 때 다들 한 번쯤 크레파스 긁기 해 보셨죠? 동전이나 하드 막대로 긁으면서 다양한 모양을 만들어 보세요. 참, 크레파스 가루가 날릴 수 있으니 긁기 전엔 신문지를 깔고 하세요.

준비물

- - - - - - - - - - - - -

흰 도화지, 크레파스, 하드 막대

Step 1

흰 도화지에 크레파스로 색칠을 합니다.

Let's color the paper.

종이를 색칠해 보자.

Step 2

그 위에 까만 크레파스로 덧칠합니다.

Color over it with black crayon.

까만색으로 덧칠해 봐.

Step 3

하드 막대로 긁어 여러 가지 모양을 만듭니다.

Scratch off different shapes.

여러 가지 모양으로 긁어 보자.

What shape do you want to draw?
어떤 모양을 그릴래?

I want to draw a diamond.
마름모를 그릴래요.

How many sides does the triangle have?
세모는 변이 몇 개지?

It has three sides.
세모는 변이 3개예요.

What shape is the egg?
달걀은 어떤 모양이지?

It's an oval.
타원형이에요.

색깔

○11 춤추는 볼링

🎧 unit 11

아이들의 흥미를 끄는 데 대단한 교구가 필요한 건 아닙니다. 생수병을 이용해 볼링을 해 봐요. 색깔과 수를 공부할 수 있어요.

준비물
- - - - - - - - - - - -
색종이, 공, 500ml 생수병 10개

step 1

물을 채운 생수병에 색색의 색종이를 붙입니다.

Let's go bowling!

볼링을 하자!

step 2

아이에게 공을 굴리게 합니다.

Roll the ball at the bottles and knock them down.

공을 굴려 병을 쓰러뜨리렴.

step 3

쓰러진 병의 색깔과 개수를 말합니다.

What colors of bottles did you knock down?

어떤 색깔 병들을 쓰러뜨렸지?

Let's knock bottles down. Hit the red!

병을 쓰러뜨려 보자. 빨간색을 쳐 봐!

I got it!

제가 맞췄어요!

I missed it.

못 맞췄어요.

What colors did you knock down?

무슨 색 병들이 쓰러졌니?

They're red, blue, and violet.

빨간색, 파란색, 보라색이요.

Now let's count how many bottles you've knocked down.

몇 개를 쓰러뜨렸는지 세어 보자.

33

깃발 게임

🎧 unit 12

색깔 깃발을 만든 다음 '청기백기 게임'을 해 보세요. 깃발 게임으로 재미있게
색깔 이름을 익힐 수 있고, 집중력을 키우기에도 아주 좋아요.

준비물
- - - - - - - - - - -
나무젓가락, 색종이

step 1

색종이를 깃발 모양으로 잘라 나무젓가락에 붙입니다.

Let's play a flag game.

깃발 게임을 해 보자.

step 2

아이에게 불러 주는 색깔의 깃발을 들게 합니다.

Blue flag up!

파란색 깃발 올려!

step 3

다른 색깔을 말하며 들어 보게 합니다.

Green flag up!

초록색 깃발 올려!

34

Here are different colors of flags.

여기 여러 가지 색깔의 깃발이 있어.

Now hold up the flag I say.

자, 엄마가 불러 주는 색의 깃발을 들어 봐.

Purple flag up!

자주색 깃발을 올려 봐.

Good! Now put it down.

잘했어! 이젠 내려.

What color is this?

이건 무슨 색이지?

This is red.

이건 빨강이에요.

Where is the purple flag?

자주색 깃발이 어디에 있지?

Here it is.

여기 있어요.

tip 에릭 칼의 《Brown Bear, Brown Bear, What Do You See?》는 다양한 색을 익히기에 아주 좋은 그림책입니다.

35

섞으면 무슨 색?

🎧 unit 13

세 가지 색을 기초로 모든 색이 만들어진다는 것, 신기하지 않나요? 삼원색을 바탕으로, 다양한 색깔 표현도 익히고 색의 원리도 배워 봐요.

준비물
- - - - - - - - - - -
투명컵, 물감

빨강, 파랑, 노랑 물감을 컵에 풀어 준비합니다.

Here are red, blue, and yellow.
여기 빨강, 파랑, 노랑이 있네.

빨강과 노랑을 섞은 후 변한 색을 관찰합니다.

Let's mix red and yellow well. Wow, it's orange!
빨강과 노랑을 잘 섞으렴. 와, 오랜지색이 됐네!

다른 색들도 섞어 보고, 어떤 색으로 변할지 물어 봅니다.

Now mix yellow and blue.
노랑하고 파랑을 섞어 보자.

36

Let's mix red and blue.
빨간색과 파란색을 섞어 보자.

What color will we get?
무슨 색이 되겠니?

It's purple.
자주색이요.

Right. Red and blue together make purple.
맞아. 빨간색과 파란색이 함께 자주색을 만든단다.

Can you name the colors in the rainbow?
무지개 색을 말해 볼래?

They are red, orange, yellow, green, blue, indigo, and violet.
빨강, 주황, 노랑, 초록, 파랑, 남색, 보라색이요.

tip 밝은 빨강(주홍)은 **scarlet**이라고 하고, 좀 어둡고 보라색에 가까운 빨강(자주)은 **purple**이라고 해요.

색깔
14 물건을 들어 올리세요

🎧 unit 14

젓가락질을 잘하면 머리가 좋아진다죠? 아이와 함께 영어로 젓가락 놀이를 하다 보면, 우리 아이도 어느새 영어 영재로 자라는 건 아닐까요?

준비물
- - - - - - - - - - - - - - - -
에디슨 젓가락, 색깔 종이컵, 음식 재료

그릇에 여러 가지 재료를 넣습니다.

Let's practice with chopsticks!
젓가락을 가지고 연습해 보자!

에디슨 젓가락으로 재료를 집게 합니다.

Pick up the gummy bear.
곰 젤리를 들어 올려 보렴.

들어 올린 재료를 특정 색깔의 그릇에 옮기게 합니다.

Move the gummy bear to the red cup!
곰 젤리를 빨간색 컵으로 옮겨!

Pick up one pea.

콩 하나를 집어 보렴.

Now put it into the yellow cup.

이제 노란색 컵에 넣어 보렴.

You're doing great.

잘하고 있어.

What are in the violet cup?

보라색 컵 안에 어떤 것들이 들었니?

There are some candy, tangerines, and peas.

사탕, 귤, 콩이 들었어요.

Using chopsticks is too hard.

젓가락 쓰는 건 너무 어려워요.

Take your time.

천천히 해 봐.

 아이의 연령에 따라 음식 재료를 집기 쉬운 큰 것에서부터 작은 것으로 바꾸어 주세요.

색깔

15

주사위를 던져라

🎧 unit 15

아이들이 앞의 과를 통해 어느 정도 색깔에 익숙해졌다면, 이제 두 개의 주사위를 던지며 색깔과 모양을 함께 익혀 볼까요? 티슈 상자 대신 우유팩을 이용하면 작은 주사위가 만들어져요.

준비물

티슈 상자 2개, 색종이, 색도화지, 나무젓가락

step 1

티슈 상자를 반으로 잘라, 주사위를 만듭니다.

Let's make two dice.

주사위를 두 개 만들자.

step 2

하나에는 색깔을, 다른 하나에는 모양 표현을 적습니다.

This is a shape die, and this is a color die.

이건 모양 주사위, 또 이건 색깔 주사위야.

step 3

주사위를 던져, 나온 모양과 색깔의 물건을 탁자 위에서 찾아보게 합니다.

Find something red and square-shaped.

빨갛고 네모난 것을 찾아보렴.

40

Let's roll the dice.
자, 주사위를 던지렴.

We got blue and circle. Find something blue and circle-shaped.
파란색과 원이 나왔네. 파랗고 동그란 것을 찾아보렴.

It's a ball.
공이요.

I have green and triangle. Can you find something green and triangle-shaped?
초록색이고 세모난 것이 나왔네. 어떤 게 있을까?

I can't find it.
못 찾겠어요.

Try looking in your desk.
책상 위를 봐.

tip '주사위'는 단수로 **die**, 복수로 **dice**라고 하는데, '주사위를 굴리다'는 흔히 **roll the dice**라고 표현합니다.

41

우리 몸을 그려 봐요

아이를 큰 종이 위에 눕히고 함께 그려서, 몸의 각 부분에 대해 공부해 봐요. 간단한 활동이지만 아이들이 참 좋아해요. 전지가 없으면 달력 등을 여러 장 연결하세요.

준비물

전지, 크레파스, 단어 카드

step 1

종이를 바닥에 깔고 아이를 눕힙니다.

Lie down on big paper.

큰 종이 위에 누워 보렴.

step 2

아이의 몸을 따라 그린 후, 눈, 코, 입 등을 그려 줍니다.

Let's draw eyes, a nose, and a mouth.

자, 눈, 코, 입을 그려 주자.

step 3

아이에게 단어 카드를 그림 위에 붙여 보게 합니다.

Where is "leg"? Put the word on the body picture.

'다리'가 어디 있지? 단어를 몸 그림 위에 붙여보렴.

Where is your forehead?

이마가 어디에 있을까?

Where is your chin?

턱이 어디에 있지?

Where are your arms?

팔은 어디에 있지?

Touch your toes.

발가락들을 만져 보렴.

Touch your shoulders.

양 어깨를 만져 보렴.

Touch your waist.

허리를 만져 봐.

코코코~

그 유명한 코코코 놀이를 미국 애들도 한다는 사실, 아셨나요? 눈, 코, 입을 하나씩 만져가며 얼굴 표현을 익혀 봐요. 속도를 점점 빠르게 하면 아이들은 한층 신이 납니다.

step 1

아이와 함께 '코코코'하며 검지로 코를 두드립니다.

Let's play "Nose, Nose, Nose" game.
코코코 게임을 해 보자.

step 2

얼굴 표현이 익숙해지면, 다른 신체 부위도 해 봅니다.

"Nose, Nose, Nose...Head!"
코코코…머리!

step 3

이번에는 다른 사람의 신체 부위도 만져 보게 합니다.

"Nose, Nose, Nose... your brother or sister's mouth!"
코코코… 오빠나 동생의 입!

44

Listen carefully to what I say.
내가 말하는 거 잘 들어 봐.

You have to touch your nose three times.
코를 세 번 만지는 거야.

Nose, Nose, Nose... Eye!
코코코…… 눈!

Nose, Nose, Nose... Eyebrow!
코코코…… 눈썹!

Nose, Nose, Nose... Bottom!
코코코…… 엉덩이!

Nose, Nose, Nose... Tummy!
코코코…… 배!

I didn't say "ear"! I said "eye".
엄마가 '귀'라고 하지 않았어! '눈'이라고 했지.

 '엉덩이'는 영어로 **butt** 또는 **bottom**이라고 해요. '배'는 **tummy** 또는 **stomach**, '배꼽'은 **belly button**이랍니다.

45

신체

18 얼굴이 똑같아요

🎧 unit 18

아이들이 좋아하는 물감으로 얼굴을 그려, 반으로 접어 좌우대칭을 만들어 보세요. '데칼코마니'라는 미술기법인데요. 때로는 예측불허의 모양이 나오기도 합니다.

준비물

흰 도화지, 물감

step 1

반으로 접었다 편 종이에 한쪽 얼굴을 그립니다.

Let's draw the left side of a face.

자, 왼쪽 얼굴만 그려 보자.

step 2

그림을 따라 물감을 짜게 합니다. 아이가 어리면 엄마가 해 주세요.

This is an eye, and this is an ear.

이건 눈이고, 또 이건 귀네.

step 3

종이를 접어 문지른 후 다시 펴면 완성!

Ta-da! It's your face!

짜~잔, 우리 딸 얼굴 완성!

How many ears do you have?

귀가 몇 개니?

I have two ears.

귀가 두 개예요.

What can you do with your nose?

코로 무엇을 할 수 있지?

I can smell.

냄새를 맡을 수 있어요.

What can you do with your eyes?

눈으로는 무엇을 할 수 있지?

Can you wink?

윙크해 볼래?

 노래 〈**Head, Shoulders, Knees & Toes**〉를 '**Eyes, Nose, Mouth, Ears**'로 가사를 바꿔 불러도 좋아요.

신체

19 스마일 식빵

🎧 unit 19

식빵 위에 과일과 채소로 예쁜 눈, 코, 입을 만들어 보세요. 재료를 다양하게 준비할수록 좋아요. 아이들의 상상력에 깜짝 놀랄 수도 있답니다.

준비물

방울토마토, 식빵, 치즈, 각종 채소

---

step 1

식빵과 각종 재료들을 잘라 준비합니다.

Let's make Daddy's face.

아빠 얼굴을 만들어 보자.

---

step 2

재료를 가지고 눈, 코, 입을 만듭니다.

**What can we make eyes with?
/ We use cherry tomatoes.**

눈은 뭘로 만들까? / 방울토마토요.

---

step 3

만든 얼굴을 보면서 얼굴의 특징을 이야기합니다.

**Daddy has only one ear.
/ A wolf came and took the other.**

아빠 귀가 한쪽뿐이네? / 늑대가 와서 가져갔어요.

48

Dad has a big face.

아빠는 얼굴이 커요.

Mom has small eyes.

엄마 눈은 작아요.

A rabbit has long ears.

토끼는 귀가 길어요.

A hippo has a big mouth.

하마는 입이 커요.

A pig has a big nose.

돼지는 코가 커요.

A giraffe has a long neck.

기린은 목이 길어요.

 영어동화 《**Go Away, Big Green Monster**》를 통해서도 재미있게 눈, 코, 입 등의 얼굴 표현을 익힐 수 있습니다.

49

신체

20 가까이 들여다봐요

🎧 unit 20

엄마가 만드는 작은 교구에도 아이들의 눈은 반짝여요. 돋보기를 만들어 소중한 우리 몸에 대해 가르쳐 봅시다.

준비물

- - - - - - - - - - - - -

두꺼운 도화지, 색종이

step 1

두꺼운 도화지에 색종이를 붙여 돋보기를 만듭니다.

This is a magnifying glass.

이건 돋보기야.

step 2

신체가 나온 그림이나 사진에 돋보기를 대 봅니다.

What are these? / They're hands.

이게 뭐지? / 손이에요.

step 3

아이의 몸에 대 보게 합니다.

Now put it on your mouth.

이제 네 입에 대 보렴.

50

Put the magnifying glass on your hand.

돋보기를 손 위에 대 보렴.

How many fingers do you have?

손가락이 몇 개지?

 I have ten.

열 개요.

 Let's name the fingers.

손가락 이름을 말해 보자.

 Thumb, index finger, middle finger, ring finger, and baby finger.

엄지, 검지, 중지, 약지, 새끼 손가락.

 I'll tickle your sole!

발바닥을 간지럽히겠다!

 손가락처럼, 발가락에도 이름이 있어요. **big toe**(엄지 발가락), **second toe**(검지 발가락), **third toe**(가운데 발가락), **fourth toe**(넷째 발가락), **little toe**(새끼 발가락).

51

가족

21 가족 풍선

🎧 unit 21

아이가 말을 배울 때 엄마, 아빠를 가장 먼저 말하죠? 그만큼 가족은 아이에게 아주 소중한 존재랍니다. 가족의 호칭을 배우고, 익혀 봐요.

준비물

유성펜(굵은 펜), 풍선

---

step 1

아이와 함께 풍선에 가족의 얼굴을 그립니다.

Let's draw our family on the balloons.
풍선 위에 우리 가족을 그려 보자.

---

step 2

풍선을 불고, 끝을 묶습니다.

Blow the balloons.
풍선들을 불어 보렴.

---

step 3

풍선을 가리키며 누구인지 맞혀 봅니다.

Who is this? / It's Dad.
이 사람이 누구지? / 아빠예요.

52

great-grandpa 증조부

great-grandma 증조모

grandpa 할아버지

grandma 할머니

dad 아빠

mom 엄마

brother 오빠(형, 남동생)

sister 누나(언니, 여동생)

uncle 삼촌(이모부, 큰아버지, 작은아버지)

aunt 이모(고모, 큰어머니, 작은어머니)

nephew 남자 조카

niece 여자 조카

tip   **Mom**, **Mum**, **Mommy** 모두 우리말의 '엄마'에 해당하는 표현이지만, **Mommy**는 주로 아기들이 쓰는 말이에요.

22 패밀리 트리

가족

🎧 unit 22

마음에 안 들거나 흔들린 사진들을 버리시나요? 모아 두었다가 영어놀이에 활용해 보세요. 이번 과에서는 가족들 사진으로 패밀리 트리를 만들어 보겠습니다.

준비물
- - - - - - - - - - - - - -
색도화지, 색종이, 가족사진

step 1

색도화지를 이용해 나무를 만듭니다.

Let's make a family tree.
가족 나무를 만들어 보자.

step 2

재미있는 가족사진과 단어 카드를 준비합니다.

There are six people in our family.
우리 식구는 6명이야.

step 3

가족 하나하나 짚어가며 물어 봅니다.

Look! Who is she? / It's me.
봐! 이 사람은 누구지? / 저예요.

54

He is your grandpa.
이 사람은 할아버지야.

He is your dad.
이 사람은 아빠야.

He is your brother.
이 사람은 오빠(형, 남동생)야.

We use "HE" for men.
남자들한테는 'HE'를 써.

She is your grandma.
이 사람은 할머니야.

She is your mom.
이 사람은 엄마야.

She is your sister.
이 사람은 언니(누나, 여동생)야.

We use "SHE" for women.
여자들한테는 'SHE'를 써.

 영어동화 시리즈 《**The Little Bear book**》을 읽으면, 가족의 이름과 함께 가족간의 사랑도 느낄 수 있어요.

화장품 살 때 끼워 주는 화장솜 상자를 이용해 말하는 인형을 만들어 보겠습니다. 가족끼리 역할극을 할 때 활용하면 좋아요. 작은 상자가 없다면 우유팩도 OK!

준비물

도화지, 크레파스, 화장솜 상자

step 1

화장솜 상자의 3면을 칼로 자릅니다.

We're going to make a talking doll.

말하는 인형을 만들어 보자.

step 2

가족 얼굴을 그린 후, 입을 중심으로 잘라 상자에 붙입니다.

This is Daehyun.

이건 대현이 오빠야.

step 3

손을 끼워 입을 움직여가며 인형놀이를 합니다.

Hi, Dad! / Hi, Sweetie!

아빠, 안녕! / 안녕, 이쁜아!

Hello, my little girl! What's your name?
안녕, 꼬마야! 이름이 뭐니?

 My name is Seojin.
서진이에요.

 How many people are there in your family?
가족이 몇 명이니?

 We have 4 people: grandma, mom, dad, and me.
우리 가족은 할머니, 엄마, 아빠, 저 이렇게 4명이에요.

 Do you have brothers or sisters?
형제나 자매가 있니?

 Yes, I have one brother.
예, 오빠 한 명 있어요.

No, I am an only child.
아뇨, 전 형제, 자매가 없어요, 외동이에요.

가족
24 손가락 인형

🎧 unit 24

핑거 플레이를 통해 가족들에 대해 배워 봐요. 엄마와 아이가 각각 한 손에 손가락 인형을 끼고 인사를 해도 좋아요.

준비물

색도화지, 가족사진

step 1

손가락 굵기에 맞게 종이를 잘라 둡니다.

Let's make finger puppets.

손가락 인형을 만들어 보자.

step 2

자른 종이 위에 가족사진을 붙이면, 손가락 인형 완성!

This is our family.

우리 가족이란다.

step 3

양 손가락이 서로에게 인사를 합니다.

Hello, I'm Mommy finger.

안녕하세요, 엄마 손가락이에요.

This is Daddy finger!

이게 아빠 손가락이야!

This is Mommy finger!

이게 엄마 손가락이란다!

Say hello to each other.

서로 인사하렴.

Hello, I'm Mommy finger.

안녕하세요, 전 엄마 손가락이에요.

Hello, I'm Baby finger.

안녕하세요, 전 아기 손가락이에요.

Where is brother finger?

오빠 손가락이 어디에 있지?

Here I am.

저 여기 있어요.

tip 노래 〈 **Mommy finger, Mommy finger, where are you? Here I am, here I am, how do you do?** 〉
다들 아시죠? **Mommy finger** 대신에 다른 가족 이름을 넣어서 부르면 됩니다.

가족

25 똑똑! 누구세요?

🎧 unit 25

가족사진을 나무젓가락에 붙이면 이번에는 가족 종이인형이 됩니다. 똑똑똑 아이가 문을 두드리면 종이인형 중 한 사람이 나가서 맞아 볼까요?

준비물
- - - - - - - - - - - -
가족사진, 나무젓가락

step 1

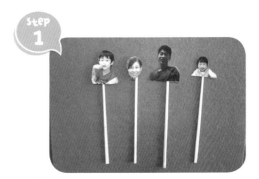

가족 그림을 잘라 젓가락에 붙입니다.

This is our family.

우리 가족이야.

step 2

노크를 하면 누구냐고 물어 봅니다.

Who is it? / It's me, Seojin!

누구세요? / 저 서진이에요!

step 3

아이가 대답하면 종이인형이 문을 열고 맞이합니다.

Seojin! Come on in!

서진아! 어서 들어와!

Uh-oh! Someone's knocking on the door.

어! 누군가 문을 두드리고 있어.

Can you get it?

누가 왔는지 나가 볼래?

Okay, I'll answer it.

알았어요. 제가 나가 볼게요.

Who's there?

누구세요?

It's me, Daddy.

아빠란다.

tip 《Guess How Much I Love You》를 아이와 함께 읽어 보세요. 사랑을 표현하는 방법을 다양하게 익힐 수 있어요.

61

이게 뭘까?

농장에 가면 아이들에게 친숙한 동물들이 많이 있어요. 우리가 흔히 볼 수 있는 농장 동물들의 이름을 배워 봐요.

준비물
- - - - - - - - - - - - -
빳빳한 종이, 칼 또는 가위, 동물 카드

step 1

빳빳한 종이에 적당히 구멍을 냅니다.

Here's a small hole.
여기에 작은 구멍이 있네.

step 2

구멍으로 동물의 특징을 보여주고 무슨 동물인지 맞히게 합니다.

Take a big guess. What is it?
잘 맞혀 봐. 뭘까?

step 3

동물 카드가 없다면 그림책이나 자연 관찰책을 활용해도 됩니다.

Whose ears are these?
이건 누구의 귀일까?

Look at this. What is it?

이것 좀 보렴. 이게 무슨 동물일까?

It's fat. And it eats a lot.

뚱뚱하단다. 그리고 많이 먹어.

It runs fast. And people ride on it.

달리기를 잘해. 그리고 사람들이 그 위에 탄단다.

It walks silently. And it likes fish.

조용히 걸어다녀. 그리고 생선을 좋아한단다.

It's our good friend. And it guards a house.

우리의 좋은 친구야. 그리고 집을 지킨단다.

I got it! It's a pig[horse, cat, dog]!

저 알아요! 돼지[말, 고양이, 개]예요!

 《누가 내 머리에 똥 쌌어》로 국내에 잘 알려진 영어동화 《**The Story of the Little Mole**》을 함께 읽어 보세요.

미용실에서 가끔 헤어젤 같은 걸 주는데요. 두피가 민감한 저는 잘 안 쓰게 되더라고요. 집에 안 쓰는 헤어젤이 있다면 멋진 바다 세계를 만들어 보세요.

준비물

지퍼백, 헤어젤, 투명 플라스틱

지퍼백에 헤어젤을 짜 넣습니다. 투명젤이라면 물감을 아주 조금 넣습니다.

Let's dive into the sea!
바다 속 구경 가자!

치약, 건전지 등의 포장에 있는 투명 플라스틱에 바다 생물을 그립니다.

Can you draw a crab?
게를 그려 줄래?

2를 1의 헤어젤에 넣으면 멋진 바다 속 완성! 반짝이를 조금 넣어도 좋아요!

Look! What is this? / It's a fish!
봐! 이게 뭐지? / 그건 물고기예요!

Who lives in the sea?

바다 속에는 누가누가 살까?

A fish, A squid, and a whale live in the sea.

물고기랑 오징어랑 고래가 바다 속에 살아요.

What's this? It has 8 legs.

이게 뭘까? 다리가 8개네.

It's an octopus.

문어예요.

What's this? It looks like a star.

이건 뭘까? 별처럼 생겼네.

It's a starfish.

불가사리요.

그 밖에 **shrimp**(새우), **crab**(꽃게), **dolphin**(돌고래), **clam**(조개), **seaweed**(미역), **anchovy**(멸치) 등도 알아두면 좋아요.

동물

28 숲속 모빌

🎧 unit 28

아이들 그림책에는 애벌레, 잠자리, 메뚜기 같은 곤충들이 많이 등장하죠? 그런데 엄마들도 곤충들의 영어 이름은 잘 모르는 경우가 많아요. 숲속 모빌을 만들어 같이 익혀 봐요.

준비물
도화지, 색종이, 옷걸이, 끈

step 1

메뚜기, 잠자리 등을 그립니다.

There are many insects in the world.
세상에는 많은 곤충들이 있단다.

step 2

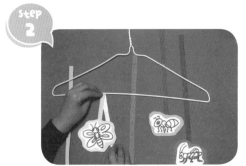

길이가 다른 끈을 이용해 1을 옷걸이에 매답니다.

They all look different.
다들 다르게 생겼어.

step 3

아이 방에 걸어 두고, 곤충의 특징에 대해 이야기해 보세요.

The butterfly has wings.
나비는 날개가 있단다.

Ants worked hard during the summer.

개미들은 여름에 부지런히 일했어.

But grasshoppers played without working.

그러나 메뚜기들은 일하지 않고 놀기만 했어요.

Beetles have many dots on their body.

무당벌레는 몸에 여러 개의 점이 있단다.

Bees have four wings and make honey.

벌은 날개가 4개이고 꿀을 만들어.

Insects have two antennas and six legs.

곤충들은 2개의 더듬이와 6개의 다리가 있어.

동물 29 거미줄에 걸렸어요

🎧 unit 29

한번 걸리면 절대 빠져나올 수 없는 거미줄! 영어 단어도 한번 외운 건 절대 머리에서 빠져나가지 않는다면 얼마나 좋을까요?

준비물
코르크판(보드판), 곤충 그림, 털실, 압정

step 1

압정을 보드판 여기저기에 꽂습니다.

Let's make a spider's web.

거미줄을 만들어 보자.

step 2

압정에 털실을 거미줄 모양으로 연결합니다.

Spiders spin the web!

거미는 거미줄을 만들어!

step 3

곤충 그림을 거미줄 여기저기에 붙이면 완성!

Uh-oh! Many insects are caught in the web.

어머! 많은 곤충들이 거미줄에 걸렸네.

68

This is a spider.
이건 거미란다.

This has 8 legs.
다리가 8개야.

This makes a web.
거미줄을 만든단다.

When an insect enters the web, it gets stuck to its sticky silk.
곤충이 거미줄에 들어오면, 끈적거리는 줄에 걸리고 말아.

I got you, Daehyun! You can't escape!
대현이 잡았다! 빠져나가지 못할걸!

 인터넷에서 'The BItsy Bitsy Spider'를 검색하면, 유명한 영어동요가 나와요. 아이와 함께 따라 불러 보세요.

동물

30

엄마를 찾아 주세요

🎧 unit 30

누구나 어린 시절이 있어요. 어릴 때는 다들 귀엽고 예쁘답니다. 아기 동물과 엄마 동물을 연결해 보세요.

준비물

색종이, 동물 그림, 두꺼운 도화지

도화지 한쪽에는 엄마 동물을, 다른 한쪽에는 아기 동물을 붙입니다.

These animals lost their mommies.

이 동물들이 엄마를 잃어 버렸대.

그림 위에 색종이를 붙여 보이지 않게 합니다.

Let's find their mothers.

엄마를 찾아 주자.

아기 동물을 하나 정한 후, 색종이를 넘겨가며 엄마 동물을 찾게 합니다.

Are you my mommy? / No, I'm not.

제 엄마세요? / 난, 아니야.

Do you hear someone crying?
누가 우는 소리 들리니?

This puppy lost his mommy.
이 강아지가 엄마를 잃어 버렸대.

 Where is my mommy?
엄마가 어디에 있지?

Are you my mommy?
저희 엄마세요?

 No, I'm not your mommy. I'm a cow.
아니란다. 난 소야.

 Are you my mommy?
저희 엄마세요?

 Yes, I am.
응, 엄마야.

 영어동화 《**Are You My Mother?**》를 함께 읽어 보세요.

31

우유팩 채소북

우유팩은 재질이 좋아서 다양하게 활용할 수 있어요. 오늘은 우유팩을 이용해서 미니 채소북을 만들어 보겠습니다. 스스로 만든 책은 아이에게 가장 좋은 교구가 됩니다.

준비물
우유팩 1,000ml 3개, 양면테이프

step 1

우유팩을 펼쳐 자른 후, 양면테이프로 붙입니다.

Let's make a mini vegetable book.
미니 채소북을 만들어 보자.

step 2

1에 채소 그림을 붙인 후 이름을 적어줍니다.

This is a cabbage.
이건 양배추야.

step 3

아이와 함께 책을 넘기며, 채소에 대해 이야기합니다.

Do you like cabbage? / Yes, I do.
너 양배추 좋아하니? / 예, 좋아해요.

spinach 시금치

radish 무

lettuce 양상추

carrot 당근

pea 콩, 완두콩

garlic 마늘

zucchini 애호박

mushroom 버섯

potato 감자

bean sprouts 콩나물

green onion 파

bell pepper 피망

cucumber 오이

bean 콩

onion 양파

pumpkin 늙은호박

broccoli 브로콜리

sweet potato 고구마

채소·과일
32 장바구니에는요~

🎧 unit 32

아이들은 시장에 가면 구경할 게 많아서 참 좋아해요. 오늘은 아이와 함께 시장놀이를 하며 채소 이름을 익혀보도록 해요.

준비물

채소 또는 과일, 장바구니 또는 쇼핑백

step 1

장바구니에 여러 가지 채소와 과일을 담아 준비합니다.

Mom bought a lot of vegetables today.

엄마가 오늘 채소 많이 사 왔어.

step 2

손을 넣어 하나를 집은 후 무엇인지 맞히게 합니다.

**What are you holding?
/ It feels like a cucumber.**

뭘 집었니? / 오이 같아요.

step 3

꺼내서 맞았는지 확인하고, 다시 한 번 특징을 설명해 줍니다.

**You're right! It's a cucumber.
The cucumber is long.**

맞았네! 오이야. 오이는 길쭉해.

74

This one looks like a circle. It has many layers.

이건 동그라미 모양이야. 겹겹이 층이 많단다.

It's an onion.

양파예요.

This is orange. Rabbits like to eat this.

이건 오렌지색이야. 토끼들이 이걸 먹길 좋아하지.

It's a carrot.

당근이에요.

This is white and green. Mom makes kimchi with this.

이건 하얗고 초록색이란다. 엄마가 이걸 가지고 김치를 만들어.

It's a Chinese cabbage.

배추예요.

과일 주스·채소 주스

🎧 unit 33

마트에 가면 전단지가 있죠? 한두 장 챙겨 오면 쓸모가 많아요. 오늘은 메뉴판을 만들어 과일 주스와 채소 주스를 주문해 보도록 해요.

준비물
- - - - - - - - - - - - -
색도화지, 전단지

step 1

전단지에서 과일, 채소 등의 그림을 오립니다.

Let's play "restaurant".

식당 놀이를 해 보자.

step 2

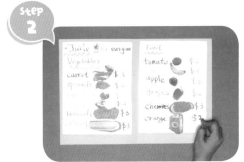

도화지를 반으로 접어서 메뉴판을 만듭니다.

Here is the menu.

여기 메뉴판이 있어.

step 3

한 사람은 손님, 한 사람은 종업원이 되어 역할극을 해 보세요.

**May I take your order?
/ I'd like apple juice.**

주문하시겠습니까? / 사과 주스 주세요.

I'm a waitress, and you're the customer.

엄마가 식당 종업원을 할게, 네가 손님 해.

May I take your order?

주문하시겠습니까?

I'd like grape juice.

포도 주스 주세요.

Sorry we ran out of grape juice.

죄송하지만, 포도 주스가 다 떨어졌네요.

Choose something else.

다른 것을 고르세요.

I'd like carrot juice.

당근 주스 주세요.

tip 주문할 때는 **I'd like** (~을 주세요) 문형을 이용하세요. **I'd like** 다음에 주문할 음식이름을 말하면 됩니다.

빙고 게임

🎧 unit 34

빙고판을 만들어 게임을 하며 즐거운 시간도 보내고 채소 이름도 익히면 아주 좋겠죠? 빙고판을 만들 때는 같은 그림을 서로 다른 위치에 붙여야 하는 것, 잊지 마세요.

준비물
- - - - - - - - - - - - -
전단지, 가위, 도화지, 펜

step 1

전단지에서 채소그림을 오려 9칸짜리 빙고판을 2개 만듭니다.

Let's play bingo!

빙고 게임을 해 보자!

step 2

빙고판을 나누어 가지고, 채소 이름을 하나씩 부르며 X표 합니다.

I'll call the name of a vegetable first. Spinach!

엄마가 채소 이름을 먼저 부를게. 시금치!

step 3

가로, 세로 또는 대각선 방향으로, 먼저 한 줄을 완성한 사람이 이깁니다.

Lettuce! Bingo! I crossed out 3 in a row.

양상추! 빙고! 내가 3개 연속 X표시를 했어.

Let's play bingo.
빙고 게임하자!

Rock, paper, scissors and take one away.
가위바위보, 하나 빼기!

You won. Now you go first.
네가 이겼다. 네가 먼저 해.

Lettuce!
전 양상추예요!

Okay, onion!
난, 양파!

Bingo! I'm the winner!
빙고! 내가 이겼어요!

《**The Very Hungry Caterpillar**》를 아이와 함께 읽어 보세요. 과일 이름뿐 아니라 요일 이름도 재미있게 배울 수 있어요.

채소·과일

35 땅 따먹기

🎧 unit 35

온 가족이 거실에서 땅 따먹기를 해 보면 어떨까요? 지우개를 튕겨서 도착한 그림을 읽고 말해 봐요. 아이가 크면 세 번 튕겨서 들어오는 진짜 땅 따먹기 놀이도 할 수 있어요.

준비물

전지, 크레파스, 지우개

step 1

전지에 여러 과일과 채소를 그립니다.

I'll draw fruit and vegetables.

엄마가 과일과 채소를 그릴게.

step 2

한쪽 구석에서 지우개를 튕깁니다.

Shoot an eraser! Where is the eraser?

지우개를 손가락으로 튕겨 봐! 지우개가 어디 갔지?

step 3

어떤 채소인지 이야기하고, 순서를 바꿔서 해 봅니다.

What is this? / It's a bell pepper.

이건 뭐지? / 피망이에요.

80

We shoot the eraser with these two fingers!

이 두 손가락으로 지우개를 튕기는 거야.

Where did it land?

어디에 멈췄지?

It's a potato.

감자예요.

Do you like potatoes?

감자 좋아하니?

I like potatoes.

전 감자가 좋아요.

Do you like carrots?

당근 좋아하니?

Yuck! I don't like carrots.

웩! 전 당근 싫어요.

36 양파망 스텐실

🎧 unit 36

집에 굴러다니는 양파망과 못 쓰는 칫솔 하나면 문화센터 영어 놀이수업이 부럽지 않습니다. 해, 달, 별 등을 그리면서, 해당 단어와 낮밤 개념을 익혀 봅시다.

준비물
- - - - - - - - -
양파망, 칫솔, 물감, 흰 도화지, 검은 도화지

step 1

해, 달, 별 모양을 그린 후, 오립니다.

Please draw the moon and stars.

달이랑 별을 그려 줄래?

step 2

칫솔에 물감을 묻혀 양파망에 대고 문지릅니다.

Brush the yellow color on the onion bag.

양파망에 노란색 물감을 막 문질러 보자.

step 3

도화지를 구분하면 낮과 밤의 개념도 익힐 수 있어요.

It's night. Can you find the moon?

밤이야. 달이 보이니?

It's daytime.

낮이다.

It's bright during the daytime.

낮에는 환해.

We can see the sun during the daytime.

낮에는 해를 볼 수 있어.

It's night.

밤이구나.

It's dark at night.

밤에는 깜깜해.

At night, people go to bed.

밤에는 모두들 잠을 자.

We can see the moon and the stars at night.

달하고 별은 밤에 볼 수 있어.

83

요일 스텝북

도화지를 층층이 겹쳐 만드는 스텝북은 만들기도 쉽고, 만들어 놓으면 꽤 그럴 듯해 훌륭한 교구가 됩니다. 아이와 함께 스텝북을 꾸미며 요일을 익혀 봅시다.

준비물
- - - - - - - - -
색도화지 4장, 스테이플러, 색연필

step 1

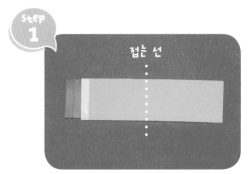

색도화지 4장을 그림과 같이 놓습니다.

Let's make a stepbook.

스텝북을 만들어 보자!

step 2

한꺼번에 접고 맨 위를 스테이플러로 고정합니다.

Write days on the book.

책에 요일을 적어 봐.

step 3

해당 요일에 하는 일을 적어 봅니다.

What do you do on Fridays? / I go to art class.

금요일엔 뭐하지? / 미술 수업에 가요.

There are 7 days in a week. Can you name the 7 days?

일주일에는 7일이 있단다. 그 7일을 하나씩 말해 볼래?

 Monday, Tuesday, Wednesday, Thursday, Friday, Saturday, Sunday.

월, 화, 수, 목, 금, 토, 일.

 What day is it today?

오늘은 무슨 요일이지?

 It's Wednesday.

오늘은 수요일이에요.

 What do you do on Saturdays?

토요일엔 뭐 하니?

 I go to swim class.

수영 배우러 가요.

 영어동화 《**Today is Monday**》를 읽으면서 요일을 더 재미있게 배울 수 있어요.

시계 놀이

시간은 눈에 보이지도 않고 만져지지도 않기 때문에 가르치기가 만만치 않죠? 아이와 함께 시계를 만들어 보세요. 만드는 사이 시간의 개념을 자연스레 익힐 수 있어요.

준비물

일회용 접시, 색종이, 사인펜, 가위, 압정

step 1

일회용 종이접시에 1~12까지 씁니다.

Let's make a clock.

시계를 만들자.

step 2

시계바늘을 만들어 압정으로 고정합니다.

The small hand is for the hour, and the big hand is for the minute.

작은 바늘은 시침, 큰 바늘은 분침이야.

step 3

늘 반복되는 일을 하는 시간을 묻고, 시계로 표현하게 합니다.

What time do you come home? / I come home at 3.

집에 몇 시에 오지? / 3시에 와요.

86

What time is it?

몇 시지?

It's 10 o'clock.

10시예요.

What time does "Sponge Bob" start?

몇 시에 '스펀지 밥' 하지?

It starts at 6 o'clock.

6시에 시작해요.

What time does Daddy come home?

아빠가 몇 시에 오시지?

He comes home at 9 o'clock.

9시에 오세요.

🎧 unit 39

사계절 나뭇잎

계절의 변화는 나뭇잎의 색깔이 변하는 것을 들어 설명하면 쉬워요. 오늘은 낙엽을 여러 색깔로 찍어 사계절을 익혀 봐요. 낙엽이 없으면 화분의 나뭇잎을 하나 슬쩍 따세요.

준비물
- - - - - - - - - - - - - - -
흰 도화지, 물감, 색종이, 가위, 낙엽

step 1

색종이를 오려 붙이며 계절에 따른 나뭇잎의 색을 먼저 익힙니다.

Each season, leaves change colors.

계절마다 나뭇잎의 색깔이 변한단다.

step 2

낙엽에 물감을 묻히고, 도화지에 찍어 계절감을 표현합니다.

In fall, what color are the leaves? / They are red.

가을에는 나뭇잎이 무슨 색이니? / 빨간색이요.

step 3

벽에 붙여 놓고, 계절에 대해 이야기해봅니다.

Is summer hot or cold?/ It's hot.

여름은 추울까, 더울까? / 더워요.

There are 4 seasons. Can you name the 4 seasons?

계절에는 4가지가 있단다. 사계절 이름을 말해 볼래?

 Spring, summer, fall, and winter.

봄, 여름, 가을, 겨울이요.

 What comes after the spring?

봄 다음에는 어떤 계절이 오지?

 Summer comes. It's hot.

여름이 와요. 여름은 더워요.

 In fall, the leaves turn red and yellow. Then they fall.

가을에는 단풍이 들어. 그런 다음 낙엽이 진단다.

 All the leaves are gone by winter.

겨울에는 나뭇잎이 전부 다 (떨어져서) 없어요.

 '가을'을 영국에서는 주로 **autumn**, 미국에서는 **fall**이라고 해요.

시간 40 제 생일은요~

🎧 unit 40

달력을 보면 한 달에 한 번은 꼭 행사가 있어요. 가족 생일, 친구 생일 등 아이가 좋아하는 행사들을 표시하며 날짜 읽는 법을 배워 봐요.

준비물

탁상용 달력, 도화지, 사진

step 1

종이에 가족생일, 기념일 등을 적어 놓습니다.

Let's make our own birthday calendar.
우리만의 생일 달력을 만들어 보자.

step 2

달력을 넘기며 해당 날짜에 표시합니다.

When is your birthday? / It's June 19.
네 생일은 언제지? / 6월 19일이요.

step 3

1월부터 차례대로 넘기며, 날짜를 묻고 대답해 봅니다.

Whose birthday is in January?
1월에는 누구 생일이 있지?

90

How many months are there in a year?

1년엔 몇 개월이 있을까?

 There are 12 months in a year.

1년엔 12개월이 있어요.

 When is New Year's Day?

새해 첫날이 언제지?

 It's January 1.

1월 1일이에요.

 When is Grandma's birthday?

언제가 할머니 생신이지?

 It's October 24.

10월 24일이에요.

41 우리 집

집안에 있는 공간의 이름을 배워 보고, 놀이가 끝나면 집안을 돌면서 방의 이름을 확인합니다. 직접 움직이며 배우는 것들은 쏙쏙 머리에 잘 들어온답니다.

준비물

흰 도화지, 색도화지, 색종이

step 1

도화지에 집 모양을 그리고, 각 방의 이름을 써 줍니다.

This is our house. It looks great.

우리 집이란다. 멋있지?

step 2

색도화지로 문을 달아 줍니다.

Let's open the door.

문을 열어 보자.

step 3

아빠가 어디 있는지 말해 보게 합니다.

Where is Daddy?
/ He's in the living room.

아빠는 어디 계시지? / 거실에 계세요.

The baby is sleeping in the bedroom.

아기는 침실에서 자고 있어.

Mom is cooking in the kitchen.

엄마는 부엌에서 요리를 하고 있어.

Grandpa is brushing his teeth in the bathroom.

할아버지는 욕실에서 양치질하고 계셔.

Dad and brothers are watching TV in the living room.

아빠와 오빠들은 거실에서 TV를 보고 있어.

Grandma is not home.

할머니는 (외출중이라) 집에 안 계셔.

 《Maisy's Pop-up Playhouse》는 하나쯤 장만해 두면, 집안 구조와 사물에 대해 재미있게 익힐 수 있답니다.

93

싱크대 만들기

요즘 인터넷을 보면 엄마표 싱크대 만들기가 유행이죠? 그런데 도통 엄두가 안 나신다고요? 여기 초간단 싱크대를 소개할게요. 아이들이 참 좋아해요.

준비물

종이 상자, 색도화지, 방울토마토팩, 세제통 꼭지

step 1

상자 위에 구멍을 내고 방울토마토팩을 넣습니다.

Let's make a kitchen sink.

부엌 싱크대를 만들어 보자.

step 2

다 쓴 세제통 꼭지로 수도꼭지를 만들고 박스를 꾸며 줍니다.

Now, turn on the water.
Wow, it's running.

자, 물을 틀어 보자. 와, 물이 나온다.

step 3

싱크대를 이용해 아이와 소꿉놀이해 보세요.

What are you doing?
/ We're washing the dishes.

뭐하고 있니? / 설거지하는 중이에요.

Can you help me do the dishes?

설거지 좀 도와줄래?

Okay, Mom.

그럴게요, 엄마.

Please put the glass and spoons in the sink.

컵과 숟가락을 설거지통에 넣으렴.

Wipe the table.

식탁을 닦으렴.

Put this in the fridge.

이건 냉장고에 넣어 주렴.

 '냉장고'는 **refrigerator**인데, 흔히 줄여서 **fridge**라고 해요.

우리 동네

unit 43

동네마다 은행, 빵집, 병원, 경찰서 등등이 있죠? 아이와 함께 동네 구경을 하며 각 장소들이 무엇을 하는 곳인지 익혀 보도록 해요.

준비물

색도화지, 도화지, 수정테이프, 크레파스

step 1

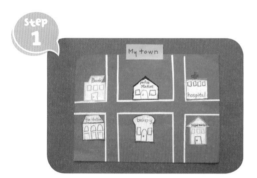

색도화지에 수정테이프로 길을 만들고, 경찰서, 은행, 약국 등을 표시합니다.

This is our town map.

이건 우리 동네 지도야.

step 2

각 장소와 연관 있는 사물 그림들을 지도 아래에 붙여 놓습니다.

Here are an injector, a fire truck, and some bills.

여기 주사기, 소방차, 지폐 등이 있어.

step 3

아이에게 사물과 장소를 서로 연결해 보게 합니다.

Let's match them to the places.

그것들을 장소와 연결해 보자.

Mom has a stomachache. Where should I go?

엄마가 배가 아파요. 어디에 가야 할까?

 You should go to the hospital.

병원이요.

 There is a fire in the house. Who should we call?

집에 불이 났어요. 어디에 전화를 해야 할까?

 We should call 119, the fire station.

119, 소방서에 연락해야 해요.

 Mom wants to eat bread. Where should I go?

엄마가 빵을 먹고 싶어요. 어디에 가야 할까?

 You should go to the bakery.

빵집이요.

 평상시에 엄마가 **"We are going to ~ ."** 처럼 말해 주어, 자연스럽게 장소 이름을 익히게 해 주세요.

어느 나라 국기일까?

아이에게 세상에는 미국, 일본, 중국 등 다양한 나라가 있다는 걸 어떻게 알려 주면 좋을까요? 세계지도와 국기를 가지고 다양한 나라 이름을 익혀 봐요.

준비물

세계지도, 사인펜, 이쑤시개, 스티로폼

step 1

이쑤시개에 국기를 붙입니다.

Wow, there are many flags.

와, 국기가 많이 있다.

step 2

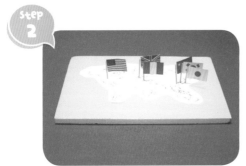

세계지도를 스티로폼에 붙인 후 국기를 꽂습니다.

This is China. This is Japan.

이건 중국이야. 이건 일본이란다.

step 3

엄마가 말하는 국가의 국기를 들게 합니다.

Where is the flag of America?

미국 국기가 어디에 있지?

We live in Korea.
우리는 한국에 살고 있어.

Japan is our neighbor. It's next to us.
일본은 이웃나라야. 우리나라 옆에 있지.

America is far away.
미국은 아주 멀리 있어.

Aunt Sumi lives in America.
미국에는 선미 이모가 살아.

We need to take an airplane to visit America.
미국은 비행기를 타고 가야 돼.

 '미국'을 말하는 여러 가지 표현이 있어요. '아메리카 대륙에 있는 여러 주를 합친 나라'라는 의미로 **The United States of America**라고 하고 줄여서 **USA**, **U.S.** 또는 그냥 **America**라고도 해요.

세계지도 퍼즐 만들기

🎧 unit 45

아이들이 퍼즐 참 좋아하죠? 세계지도로 퍼즐을 만들면, 퍼즐도 풀고 지리 개념도 익히고 일석이조예요. 아이가 능숙해지면 조각을 더 작게 잘라 주면 돼요.

준비물

세계지도, 박스, 칼

step 1

세계지도를 박스 골판지 위에 붙입니다.

Here's the world map!
여기 세계지도가 있어!

step 2

지도를 여러 조각으로 자릅니다.

Let's cut it into 6 parts.
6조각으로 잘라 보자.

step 3

퍼즐을 맞춰 봅니다.

Let's put together a jigsaw puzzle.
퍼즐 맞추기 하자.

The blue one is the sea, and the rest of the world is the land.

파란 부분은 바다고, 나머지는 육지야.

We live in Asia.

우리는 아시아에 살고 있어.

The USA is in the North America.

미국은 북아메리카에 있어.

South America is below North America.

남아메리카는 북아메리카 밑에 있어.

The place you're pointing at is Australia.

네가 가리키고 있는 곳은 호주야.

 세계지도 퍼즐로 배운 개념을 지구본을 통해 확인시켜 주면 좋아요.

교통기관

46 뭘 타고 갈까?

🎧 unit 46

아이들은 교통수단에 관심이 많아요. 오늘은 다양한 탈것에 대해 공부해 봐요. 벨크로테이프를 붙인 파리채는 알파벳, 플래시카드 등 여러 가지 학습에 활용 가능해요.

준비물

벨크로테이프, 색종이, 나무젓가락, 두꺼운 도화지

step 1

손바닥 모양으로 오린 도화지에 벨크로테이프를 붙여 파리채를 만듭니다.

What are these? They're fly swatters.

이게 뭘까? 파리채란다.

step 2

벨크로테이프를 붙인 다양한 교통수단 카드를 깔아 놓습니다.

There are many different vehicles.

다양한 교통수단들이 있어.

step 3

아이에게 질문에 알맞은 교통수단을 파리채로 쳐서 짚게 합니다.

What do we take to go to Sumin's? / We take the train.

수민이네 집에 갈 때는 뭘 타지? / 기차요.

102

train 기차

taxi[cab] 택시

boat 작은 배, 보트

bike[bicycle] 자전거

car 자동차

helicopter[chopper] 헬리콥터

ambulance 구급차

fire truck[fire engine] 소방차

scooter 스쿠터

bus 버스

ship 큰 배

motorcycle 오토바이

subway[tube] 지하철

airplane[plane] 비행기

truck 트럭

police car 경찰차

street car 전차

submarine 잠수함

교통기관

47

unit 47

교통수단 아코디언북

아이들에겐 버스나 지하철을 타는 것도 신기한 경험이에요. 비행기를 타 본 것은 두고두고 기억하죠. 교통수단 아코디언북을 만들어 아이들의 경험과 탈 것을 연결시켜 주세요.

준비물

두꺼운 도화지, 종이, 끈, 색연필

step 1

두꺼운 도화지를 양손 모양으로 잘라 준비합니다.

We're going to make an accordion book!

아코디언북을 만들어 보자!

step 2

종이를 지그재그로 접어 교통수단 그림을 붙입니다.

There are many vehicles like a bus, a train, and a taxi.

버스, 기차, 택시 같은 교통수단이 많이 있단다.

step 3

2를 1에 붙이고 줄을 끼우면 완성!

What is it that flies in the sky? / It's an airplane.

하늘은 나는 건 뭐지? / 비행기요.

What do you take to go to school?

유치원 갈 땐 뭘 타고 갈까?

I take a yellow bus.

노란색 버스를 타요.

What do we take to go to Jaemin's house?

재민이네 집에 갈 땐 뭘 타고 갈까?

We take a taxi.

택시를 타요.

What do we take to go to America?

미국에 갈 땐 뭘 타고 갈까?

We take an airplane.

비행기를 타요.

tip 탈것에 대해서는 《On the Go》라는 동화책을 읽으면, 더욱 쉽게 공부할 수 있어요.

교통기관

48 버스에 타요!

🎧 unit 48

빈 박스 하나도 훌륭한 장난감이 될 수 있죠. 박스버스를 타고 신나는 여행을 해 봐요. 집안 곳곳에 버스정류장을 만들어 get on, get off 등의 동사표현을 익히게 해 주세요.

준비물

박스, 도화지, 노끈, 사인펜

Step 1

박스를 버스처럼 꾸며 줍니다.

Let's make a bus!

버스를 만들어 보자!

Step 2

상자 앞에 끈을 달아 끌 수 있도록 만듭니다.

Broom, broom! Let's go!

부릉부릉! 출발하자!

Step 3

아이를 태우고 박스버스를 끌어 줍니다.

Get on the bus! / Get off the bus!

버스에 타렴! / 버스에서 내리렴!

Is this bus going to Dongkwang Kindergarten?

이 버스 동광유치원 가요?

 Yes, get on the bus.

네, 타세요.

 This stop is Dongkwang Kindergarten.

이번 정류장은 동광유치원입니다.

Broom broom! Here we are.

부릉부릉! 도착했어요.

Get off the bus.

버스에서 내리세요.

 박스버스 놀이는 영어동요 〈**The Wheels on the Bus**〉와 연계해서 하면 좋아요.

107

교통기관

49 너 어디 가니?

🎧 unit 49

아이들은 아직 방향을 표현하는 데 서툴러요. 아이와 함께 도화지 속 동네를 돌면서 오른쪽, 왼쪽을 표현하는 방법을 익혀 봐요.

준비물
- - - - - - - - - - - - -
색도화지, 도화지, 수정테이프, 크레파스

step 1

색도화지에 수정테이프로 길을 그리고, 각종 건물을 표시합니다.

This is our neighborhood.

여기가 우리 동네야.

step 2

인형을 움직이며 목적지로 가는 방향을 물어 봅니다.

If we go to the bakery, which way should we go? Left or Right? / Right.

빵집에 가려면 왼쪽으로 가야 할까, 아니면 오른쪽으로 가야 할까? / 오른쪽이요.

step 3

다른 목적지로 가는 방향도 물어 봅니다.

If we go to the hospital, which way should we go? Left or Right?/ Left.

병원에 가려면 왼쪽으로 가야 할까, 아니면 오른쪽으로 가야 할까? / 왼쪽이요.

108

Turn right.

우회전 하세요.

Turn left.

좌회전 하세요.

Go straight about 100m.

100미터 정도를 직진하세요.

Please cross the road.

길을 건너세요.

The bank is on your right.

오른편에 은행이 있어요.

You just passed it.

지금 막 지나치셨네요.

교통기관

50 교통 신호

아이들에게 교통안전 교육은 매우 중요해요. 오늘은 아이와 함께 신호등 놀이를 하며 교통과 관련된 단어들을 배워 봐요.

준비물

검정 도화지, 수정테이프, 색종이, 빨대

step 1

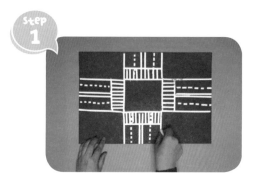

검정 도화지에 수정테이프를 이용해 길을 만듭니다.

Let's make a road here!

여기에 도로를 만들자!

step 2

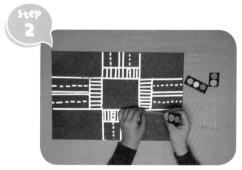

빨대에 신호등을 붙인 후 사거리에 세웁니다.

There are three colors used in traffic lights.

신호등에는 세 가지 색깔이 쓰여.

step 3

아이와 신호등을 건널 때 주의할 점을 이야기합니다.

Can we cross the road on a red light? / No, we can't.

빨간불에 건너면 될까? / 안 돼요.

110

You should follow the rules.

규칙을 지켜야 한단다.

We should not jaywalk.

무단횡단을 해서는 안 돼.

On a red light, do not walk.

빨간불일 때는 건너면 안 돼.

On a green light, please walk.

초록불일 때 건너가라.

You need to check both ways.

(길을 건널 때는) 좌우를 꼭 확인하렴.

When the green light is blinking, stop and wait until the light turns green.

초록불이 깜박일 때는 멈춰서서 신호가 초록색으로 바뀔 때까지 기다리렴.

직업

51

텔레비전에 내가 나왔으면~

🎧 unit 51

우리 아이는 커서 뭐가 되고 싶을까요? TV를 통해 아이들은 세상에 다양한 직업이 있다는 것을 배워요. 와이셔츠 속 상자를 이용하면 TV를 훨씬 쉽게 만들 수 있어요.

준비물

나무젓가락, 직업 그림, 도화지

step 1

도화지를 이용해 TV 화면을 만듭니다.

Let's make our own TV.

우리만의 TV를 만들어 보자.

step 2

직업을 나타내는 그림을 나무젓가락에 붙인 후, TV에 등장시킵니다.

Is he a singer?
/ No, he isn't. He's a comedian.

가수인가요? / 아뇨, 코미디언이에요.,

step 3

아이를 등장시키고, 엄마가 직업을 맞혀 봅니다.

Are you a dancer? / Yes, I am.

당신은 무용수인가요? / 예, 맞아요.

doctor 의사

singer 가수

scientist 과학자

banker 은행원

police officer 경찰관

teacher 선생님

professor 교수

nurse 간호사

actor 남자 배우

comedian 코미디언

clerk 점원

chef 요리사

driver 운전사

politician 정치가

dancer 무용수

actress 여자 배우

salesperson 판매원

fire fighter 소방관

farmer 농부

lawyer 변호사

magician 마술사

직업
52 장래 희망

🎧 unit 52

'짝 맞추기 게임'은 간단하지만, 아이들의 집중력을 향상시키고 경쟁심도 유도하여 재미있게 놀 수 있어요. 단어 카드는 우유팩을 잘라 만들어도 좋아요.

준비물
도화지, 사인펜, 직업 그림

step 1

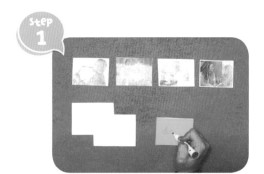

도화지로 단어 카드와 그림 카드를 만듭니다.

Let's play a matching game.
짝 맞추기 게임을 해 보자.

step 2

카드를 뒤집어 두고, 엄마와 아이가 교대로 열어 봅니다.

Where is the doctor? Flip a card over.
의사가 어디 있을까? 카드를 한 장 뒤집어 봐.

step 3

카드 짝을 많이 찾은 사람이 이깁니다.

I found the doctor!
의사 찾았다!

Who is this?
이 사람은 누굴까?

He's a fire fighter.
소방관이에요.

What does he do?
소방관은 뭐하는 사람이지?

He puts out fires.
불을 끄는 사람이에요.

What do you want to be?
너는 커서 뭐가 되고 싶니?

I want to be a police officer.
경찰관이 되고 싶어요.

 《I Am a Fire Fighter》같은 직업과 관련된 동화책을 함께 읽어도 좋아요.

누구의 모자일까?

오늘은 모자와 옷을 보고 어떤 직업인지 알아맞히는 놀이를 해 봐요. 자료는 키즈클럽(www.kizclub.com) 사이트의 other crafts에서 출력하세요.

준비물

흰 도화지, 스테이플러

농부, 요리사, 소방관, 경찰관 등의 그림을 준비합니다.

There are a lot of jobs in the world.

세상에는 많은 직업이 있단다.

그림을 끝부분만 조금 남기고 3등분한 후 스테이플러로 고정시킵니다.

Guess whose hat this is.

이게 누구의 모자인지 맞혀 봐.

그림을 넘겨가며 누구의 모자인지 맞히게 합니다.

It's the farmer's!

농부의 모자예요.

 Let's match the pictures. Whose hat is this?

그림을 맞혀 보자. 이게 누구 모자일까?

 It's the farmer's.

농부의 모자예요.

It's the cook's.

요리사의 모자예요.

It's the police officer's.

경찰관의 모자예요.

It's the baseball player's.

야구선수의 모자예요.

It's the clown's.

어릿광대의 모자예요.

 키즈클럽(**www.kizclub.com**)은 다양한 영어놀이 자료들이 있어 아주 유용하니 꼭 한번 방문해 보세요. 유치원 선생님들도 자주 이용하신답니다.

직업

54 병원 놀이

 unit 54

아이들은 역할놀이를 통해 간접경험을 하게 됩니다. 그 중에서 병원놀이를 빼놓을 순 없겠죠? 오늘은 의사, 간호사, 환자가 되어 보세요.

준비물

풍선, 페트병, 도화지

step 1

페트병 꼭지에 풍선을 씌워 청진기를 만듭니다.

Let's play the "hospital game".

'병원놀이'를 해 보자.

step 2

역할을 나누어 병원놀이를 합니다.

You're the doctor. And I'm the patient.

네가 의사를 하렴. 내가 환자 할게.

step 3

아픈 부위를 표현하는 연습을 시켜 보세요.

I have a stomachache!

배가 아파요!

What's the problem?

어디가 아프세요?

 I have a sore throat.

목이 아파요.

I have a runny nose.

콧물이 나요.

I have a fever.

열이 나요.

I have a cough.

기침이 나요.

 I think you've got a cold. I'll give you a shot.

감기에 걸리신 것 같네요. 주사 놔드릴게요.

 Oh, no!

아, 싫어요!

가게 놀이

unit 55

오늘은 엄마가 점원이 되고, 아이가 손님이 되어 가게 놀이를 하면서, 물건을 살 때 쓰는 표현들을 함께 익혀봐요. 도화지로 종이돈을 만들어 사용하세요.

준비물

슈퍼마켓 전단지, 도화지

step 1

슈퍼마켓 전단지에서 다양한 상품을 오립니다.

Welcome to Minji Supermarket.
여기는 '민지 슈퍼'입니다.

step 2

아이에게 살 물건의 가격을 물어 보게 합니다.

How much is this apple?
/ It's 2,000 won.
이 사과 얼마예요? / 2천 원입니다.

step 3

아이가 종이돈을 가격에 맞게 내도록 합니다.

Yes, this is 2,000 won. Here is the apple.
/ Thank you!
예, 2천 원 받았습니다. 사과 여기 있습니다. / 고맙습니다!

I'm the shopkeeper. You're the customer.

난 점원이고 넌 손님이야.

May I help you?

도와드릴까요?

Yes, I'm looking for cucumbers.

예, 저 오이를 사려고 해요.

How much are they?

얼마예요?

They're 500 won each.

한 개에 500원이에요.

How many would you like?

몇 개나 드릴까요?

One, please.

한 개 주세요.

Here is your change, 500 won.

여기 거스름돈 500원 있습니다.

Thank you!

고맙습니다!

명탐정 과자 놀이

냉장고, 세탁기, 에어컨, 침대 같은 일상용품들의 이름은 어떻게 가르치세요?
탐정 놀이를 통해 배우면 아이들이 아주 좋아해요. 아이의 수준에 따라 단어
개수를 조절해 주세요.

준비물
- - - - - - - - - -
단어 카드, 간식

step 1

아이에게 refrigerator라는 단어 카드를 줍니다.

Let's play a "detective game".
탐정 놀이를 해 보자.

step 2

refrigerator에 가면 sofa가, sofa에 가면 desk라는
단어가 붙어 있습니다.

Now go to the sofa.
이제 소파로 가렴.

step 3

desk에 가면 맛있는 간식이 있습니다.

You found the gummy worms!
네가 꿈틀이를 찾았구나!

This word says, "washing machine".

'세탁기'가 나왔어.

Go to the washing machine.

세탁기 있는 데로 가 봐.

I found "stereo".

'스테레오'란 단어를 찾았어요.

Let's run to the stereo.

스테레오(오디오) 쪽으로 뛰어가 보자.

Mom, I found the cookies.

엄마, 과자 찾았어요.

You're a good detective! Enjoy these cookies!

명탐정인걸! 맛있게 먹으렴!

tip

'오디오'는 콩글리시로, 바른 표현은 **stereo**입니다. 아이가 어리다면, 카드 앞면에는 그림을, 뒷면에는 글씨를 써도 좋아요.

123

57

빨래 바구니에 넣어 봐요!

우리가 매일매일 입는 옷에는 여러 가지가 있어요. 아이와 빨래 놀이를 하면서 다양한 의복의 이름을 익혀 봐요.

준비물
- - - - - - - - - - - - -
빨래 바구니, 여러 옷가지

step 1

옷과 빨래 바구니를 준비합니다.

Let's do the laundry!

빨래하자!

step 2

옷가지 중에 아이에게 특정 옷을 가져오게 합니다.

Bring me your underwear.

네 속옷을 가져오렴.

step 3

빨래 바구니가 찰 때까지 다양한 옷을 가져오게 합니다.

Now bring me Daddy's pants.

이제 아빠 바지 좀 가져다 줄래?

skirt 치마	**pants** 바지	**overalls** 멜빵바지
T-shirt 티셔츠	**sweater** 스웨터	**dress** 원피스
underwear 속옷	**jacket** 재킷	**coat** 코트
scarf 목도리	**pajamas** (바지) 잠옷	**jeans** 청바지
shorts 반바지	**shoes** 신발	**gloves** 장갑
mittens 벙어리장갑	**ear muffs** 귀마개	**sunglasses** 선글라스
hoodie 후드티	**short sleeves** 반팔	**long sleeves** 긴팔

 "This is the way we wash my shirt, wash my shirt, wash my shirt" 식으로 다양한 옷 이름을 넣어 노래 가사를 바꿔 불러 봐요.

일상생활

58 패션쇼하기

🎧 unit 58

앞에서 옷 이름을 배웠죠? 이제 옷을 입고 벗는 동작을 익혀 봐요. 종이인형을 만들어 역할 놀이를 하면 좋아요.

준비물
- - - - - - - - - - -
아이 사진, 색도화지, 흰 도화지

아이 사진을 이용해서 종이인형을 만듭니다.

Seojin wants to get dressed.

서진이가 옷을 입으려고 해요.

아이가 옷을 골라 입혀 보도록 합니다.

What do you want to wear?
/ I want to wear a skirt.

어떤 옷을 입어 볼래? / 치마를 입을래요.

다 입힌 모습을 보며, 어떤 옷을 입고 있는지 설명하게 합니다.

What are you wearing?
/ I'm wearing a dress.

어떤 옷을 입고 있지? / 원피스를 입고 있어요.

126

Put on the blue jacket.

파란색 재킷을 입으렴.

Put on the hat.

모자를 쓰렴.

Now take off the pants.

바지를 벗으렴.

Don't take off the socks!

양말을 벗지 마라!

Let's me get you dressed.

엄마가 입혀 줄게.

I can put this on myself.

저 이거 혼자 입을 수 있어요.

tip
'옷을 입다(신다, 쓰다)'를 표현할 때는 **put on**과 **wear**를 둘 다 씁니다. 하지만, **put on**은 '입는 동작'에 초점을 맞춘 말이고, **wear**은 '입고 있는 상태'를 나타냅니다.

나의 일과

🎧 unit 59

아이들은 아직 시간 개념이 명확하지 않아요. 아이의 모습으로 책을 만들어 매일매일 반복되는 자신의 일과를 이야기하게 해 보세요.

준비물

도화지 2장, 크레파스

step 1

도화지를 사진처럼 접은 후, 양쪽 하단을 잘라 냅니다.

Let's make a person book.

사람 모양의 책을 만들어 보자.

step 2

1의 잘라낸 부분을 붙여 소매를 만들고, 얼굴, 손, 발을 붙인 후 색칠합니다.

This is you, Seojin.

서진아, 이게 너란다.

step 3

안쪽에 아이의 하루 일과를 적고 이야기합니다.

**What do you do at 9 o'clock?
/ I go to school.**

9시에 무엇을 하니? / 유치원에 가요.

What time do you eat breakfast?

몇 시에 아침을 먹지?

 I eat breakfast at 8 o'clock.

8시에 아침밥을 먹어요.

 What time do you get dressed?

몇 시에 옷을 입지?

 I get dressed at 8:30.

8시 30분에 옷을 입어요.

 What time do you go to bed?

몇 시에 자지?

 I go to bed at 10 o'clock.

10시에 자요.

129

오늘의 날씨

unit 60

날씨는 우리 생활에 많은 영향을 미칩니다. 여러 가지 날씨에 대해 배워 봐요.

준비물

색도화지, 압정, 양면테이프, 색종이

step 1

동그란 원을 그려, 5등분하고, 안에 날씨를 표시합니다.

Today we're going to make a weather spinner.

오늘은 날씨 회전판을 만들어 보자.

step 2

회전판을 색도화지에 붙이고, 맨 아래에 It's_____. 라고 적습니다.

This will show today's weather.

오늘 날씨를 알려 줄 거야.

step 3

회전판의 화살표를 돌려 날씨를 가리키고 적당한 단어 카드를 붙입니다.

What's the weather like today? / It's cloudy.

오늘의 날씨는 어떻지? / 구름이 끼었어요.

How's the weather today?

오늘 날씨 어때?

 It's sunny.

맑은 날이에요.

It's really hot!

정말 더워요!

 How was the weather yesterday?

어제 날씨는 어땠지?

 It was rainy.

비가 왔어요.

It was windy.

바람도 불었어요.

 오늘의 날씨를 물을 때는 **How's the weather today?** 또는 **What's the weather like today?**라고 하면 됩니다.

생활예절 61

치카치카! 이 닦기!

🎧 unit 61

이 닦기 싫어하는 아이에게 효과만점인 이 닦기 놀이! 그런데 손코팅지를 사러 가야 한다고요? 제품 포장에 붙어 있는 투명비닐을 이용하셔도 돼요.

준비물

도화지, 칫솔, 수성 사인펜, 투명비닐

step 1

아이 그림을 그리고, 치아 주변에 투명비닐을 붙입니다.

Let's brush our teeth!

이빨을 닦자!

step 2

치아 일부분을 검게 칠합니다.

If you eat too much sweets, your teeth will decay.

단것 많이 먹으면 이가 썩게 돼.

step 3

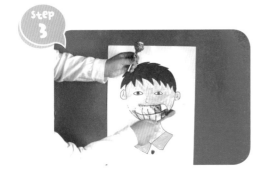

칫솔을 그림에 대고 이빨 닦는 연습을 합니다.

Brush the top, the bottom, inside, and outside.

위, 아래, 안, 밖을 닦자.

132

We should brush our teeth after meals.

밥 먹고는 꼭 이빨을 닦아야 해.

Here's toothpaste on your toothbrush.

칫솔을 치약을 묻혀 줄게.

Brush the top and bottom.

위와 아래를 닦아 보자.

Brush on the inside and outside.

안과 밖을 닦아 보자.

Gently brush your tongue, too.

혓바닥도 살살 닦아 보자.

Rinse your mouth.

입을 헹구렴.

 우리나라에서는 이빨이 빠지면, 옥상에 던지라고 하지요. 서양에서는 빠진 이빨을 베개 밑에 넣어 두면, **toothfairy** (이빨요정)가 와서 돈을 주고 빠진 이빨을 가져간대요.

생활예절
62

🎧 unit 62

잘 자!

아이 재우는 것도 쉬운 일이 아니죠? 잠자기 싫어하는 아이를 위해서 매일매일 주변의 사물들과 잘 자~ 인사(saying good night)를 하게 해 보세요.

준비물

동화책《Goodnight Moon》

step 1

영어동화《Goodnight Moon》을 읽습니다.

I'll read you "Goodnight Moon!"
《굿나잇 문》을 읽어 줄게.

step 2

주변의 사물에 하나씩 인사해 봅니다.

Give a good-night kiss to your favorite car!
네가 가장 좋아하는 차에 뽀뽀를 해 주렴!

step 3

다른 사물에도 인사를 해 봅니다.

Say "good night" to the dog!
강아지에게도 잘 자라고 인사를 해 보자!

Let's start with the living room!

거실부터 시작할까?

Good night, TV!

잘 자, TV야!

Good night, sofa!

잘 자, 소파야!

Mom, I'm getting sleepy.

엄마, 졸려요.

Okay, let's go to bed! Good night, everybody!

그래, 잠자러 가자! 다들 잘 자!

135

인사 달력

🎧 unit 63

집에 안 쓰거나 연도가 지난 탁상용 캘린더가 있다면 단어 놀이장으로 안성 맞춤이에요. 단어와 그림은 무작위로 붙여야 넘겨가며 맞힐 수 있어요.

준비물
- - - - - - - - - - - - -
탁상용 캘린더, 색종이

step 1

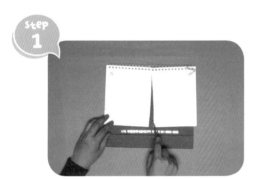

탁상용 캘린더를 반으로 자릅니다.

Let's learn greetings.

인사하는 법을 배우자.

step 2

각 면에 상황 그림과 인사 표현을 무작위로 붙입니다.

A good boy never forgets to say "hi" to people.

인사를 잘하는 어린이가 착한 어린이예요.

step 3

달력을 넘겨가며 상황과 인사를 일치시켜 보게 합니다.

It's time to go home! What do we say? / Good bye!

집에 갈 시간이란다! 뭐라고 말할까? / 잘 가!

When you get up, what do you say to Dad?

아침에 일어나면 아빠께 뭐라고 인사하지?

Good morning!

안녕히 주무셨어요?(좋은 아침!)

It's time to sleep at night! What do we say?

밤에 잠잘 시간이야. 뭐라고 하지?

Good night!

잘 자!

When Grandma gives you cookies, what do you say?

할머니가 과자를 주시면 뭐라고 하지?

Thank you!

고맙습니다!

tip 아이가 뭔가를 달라고 떼쓸 때, 미국 엄마들은 **What's the magic word?**, **Say the magic word!**(마법의 말을 해 봐!)라고 하여, 아이가 **please**를 붙이게 합니다. 또, 고맙다고 해야 할 상황에도 역시 같은 말을 하여, 아이가 **Thank you!**라는 말을 하게 합니다.

생활예절
64

 unit 64

종이컵 전화

종이컵 전화를 만들어 아이와 전화하는 법을 연습해 봐요. 전화선을 타고, 엄마의 사랑이 아이에게 전해질 거예요.

준비물

종이컵 2개, 털실, 송곳

step 1

종이컵 2개를 실로 연결합니다.

Let's make a phone call.
전화를 걸자.

step 2

실이 팽팽해질 만큼 거리를 두고, 통화합니다.

Hello, is Seojin there?
여보세요? 서진이네 집이죠?

step 3

다른 사람을 바꿔 달라고 말해 보고, 전화를 끊는 연습도 하게 합니다.

Seojin, I'll hang up the phone.
서진아, 나 전화 끊을게.

138

I'm dialing 950-7477.

저 950-7477에 걸어 볼래요.

Ring, ring, ring. Hello?

따릉 따릉 따릉. 여보세요?

Is Jun there?

거기 준 있어요?

Yes, this is Jun.

예, 제가 준인데요.

Hi, Mrs. Kim! Can I talk with Seojin?

안녕하세요, 아줌마! 서진이 좀 바꿔 주세요.

Just a minute.

잠시만 기다리렴.

 친구의 엄마를 부를 때는 **Mrs. Kim**처럼 **Mrs.** 다음에 성을 붙여 표현해요.

65

May I ~?

🎧 unit 65

부탁하는 표현인 'May I ~?'를 가르치는 게임입니다. 아이가 해당 그림을 밟고 May I ~? 문장을 완성해서 말하면 Yes! 또는 No!라고 대답해 주시면 됩니다.

준비물

크레파스, 전지

step 1

전지를 9칸으로 나누고, 각 칸에 May I ~? 뒤에 들어갈 내용을 적습니다.

Let's practice "May I ~?".

'저 ~해도 되나요?'를 연습해 볼까?

step 2

원하는 문장에 서서 May I ~?를 이용해 말하게 합니다.

May I have many cookies? / No!

저 과자 먹어도 되나요? / 아니!

step 3

다른 칸으로 이동하며 May I ~?를 연습합니다.

May I use the bathroom now? / Yes!

지금 화장실 써도 돼요? / 그럼!

140

May I play computer games?
컴퓨터 게임 해도 돼요?

May I eat ice cream?
아이스크림 먹어도 돼요?

May I eat cookies?
과자 먹어도 돼요?

May I watch TV?
TV 봐도 돼요?

May I play outside?
밖에 나가서 놀아도 돼요?

May I play with that?
저거 가지고 놀아도 돼요?

놀이표현
66
숨바꼭질

🎧 unit 66

아이가 집에만 있어 답답해 할 땐 함께 숨바꼭질을 해 보세요. 숨은 사람을 찾으면서, 장소 전치사를 익히게 하면 좋습니다.

가족 중 한 사람을 술래로 정합니다.

Let's play hide-and-seek. I'll be it. You hide.

우리 술래잡기하자. 내가 술래할게. 네가 숨어.

1부터 10까지 세는 동안, 아이에게 숨게 합니다.

I'll cover my eyes and count one to ten. One... ten!

내가 눈 가리고 하나부터 열까지 셀게. 하나… 열!

아이가 술래가 되어 찾아보게 합니다.

Is Seojin behind the curtain? Yes! Now you're it.

서진이가 커튼 뒤에 숨었나? 맞네! 이제 네가 술래야.

142

One, two... ten! Ready or not, here I come. Where are you?

하나, 둘…… 열! 꼭꼭 숨어라, 머리카락 보인다. 어디 있니?

Is she hiding behind the door? No, she's not there.

문 뒤에 숨어 있나? 아니, 없네.

Is she in the closet?

옷장 안에 있나?

Is she next to the sofa?

소파 옆에 있나?

Is she under the blanket?

담요 밑에 있나?

There you are! I found you! Now you're it.

여기 있구나! 찾았다! 이제 네가 술래야.

tip 영어에서는 '술래'를 **it**라고 해요.

놀이표현 67

온몸 가위바위보!

🎧 unit 67

아이들끼리 놀다 보면 누가 먼저 할지를 놓고 싸우는 일이 종종 있어요. 이럴 때 유용한 것이 가위바위보! 오늘은 온몸으로 한번 해 봐요.

두 아이를 서로 마주보게 합니다.

Face each other.

서로 마주 보렴.

몸으로 가위바위보를 하게 합니다.

Rock, paper, scissors!

가위바위보!

이긴 사람이 먼저 하게 합니다.

Seojin won. You go first!

서진이가 이겼네. 먼저 타렴!

144

I want to be the mommy.
내가 엄마 할래.

No, I want to be her.
아냐, 내가 엄마 할래.

Let's decide by rock, paper, scissors!
가위바위보로 정하자!

Okay, rock, paper, scissors!
좋아, 가위바위보!

I got rock, but you got paper.
내가 주먹을 냈고, 넌 보를 냈어.

Paper covers rock. So I won!
보가 주먹을 쌀 수 있어. 그래서 내가 이겼어!

Let's try one more time!
다시 한 번 해!

놀이표현
68 놀이터에서

🎧 unit 68

아이들의 일상생활에서 빼놓을 수 없는 곳이 놀이터예요. 그네, 미끄럼틀, 시소…… 이런 걸 탈 때 어떤 표현을 쓰는지 함께 배워 봐요.

준비물

두꺼운 도화지, 쇼핑백 끈, 색종이

step 1

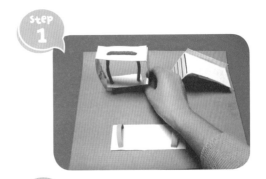

우유팩이나 두꺼운 도화지를 이용해 놀이터 기구를 만듭니다.

Let's go to the playground.

놀이터에 가자.

step 2

놀이기구의 영어 이름을 붙여 줍니다.

This is the swing.

이건 그네야.

step 3

아이 사진을 붙인 종이인형으로 놀이기구를 탑니다.

**What do you want to play on?
/ I want to play on the slide.**

뭘 타고 싶니? / 미끄럼틀 탈래요.

146

Let's slide down the slide.
미끄럼틀 타자.

Don't be scared. I'll catch you.
무서워하지 마. 엄마가 잡아 줄게.

Shall we play on the swings?
그네 타 볼까?

I'll push you.
엄마가 밀어 줄게.

Do you want to ride on the seesaw with me?
나랑 시소 탈래?

Up you go, down you go.
올라갔다 내려갔다.

 미국의 놀이터도 우리와 비슷해요. 여기 나온 놀이기구 외에도 **jungle gym**(정글짐), **chin-up bars**(철봉),
overhead ladder(구름다리) 등이 있죠.

69 비눗방울 놀이

오늘은 집에서 엄마표 비눗방울 세트를 만들어 봐요. 누가 누가 더 크게 만들까요?

준비물

주방세제, 물, 칼, 빨대

step 1

물과 세제를 5:1로 넣어 잘 섞습니다.

Let's make bubbles.

비눗방울 놀이를 해 볼까?

step 2

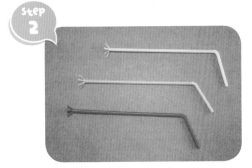

빨대 끝 1cm를 칼로 자른 후, 바깥 방향으로 펼칩니다.

Straws are ready!

자, 빨대 완성!

step 3

빨대에 1을 묻혀 신나게 불면 됩니다.

Can you blow big bubbles?

크게 불 수 있니?

148

Let's blow bubbles!
비눗방울을 불어 보자!

Mom, you're blowing a big bubble!
엄마는 크게 잘 부시네요!

You can do it, too. Blow the bubble slowly.
너도 할 수 있어. 천천히 불어 봐.

Wow, the bubble goes up in the air.
와, 비눗방울이 하늘로 올라간다.

Prick the bubbles.
비눗방울을 터뜨려 봐.

The bubbles are gone.
비눗방울이 사라져 버렸네.

70 까꿍 놀이

🎧 unit 70

어린 유아들은 까꿍 놀이를 참 좋아해요. 오늘은 종이컵을 이용해 간단한 까꿍 놀이를 영어로 해 봐요. '까꿍'은 영어로 peek-a-boo라고 합니다.

준비물
동물 그림, 종이컵, 박스 골판지, 하드 막대

step 1

박스 골판지에 동물 그림을 붙인 후 하드막대를 꽂습니다.

Let's make stick puppets.

막대기 인형을 만들자.

step 2

종이컵 바닥에 칼로 홈을 냅니다.

Let's see who's hiding.

누가누가 숨었나 알아맞혀 보자.

step 3

막대 인형을 넣고 까꿍 놀이를 합니다.

Where is the goldfish? Peek-a-boo, I see you!

금붕어가 어디 있지? 까꿍, 여기 있지!

Mom, where is the cat?

엄마, 고양이가 어디 있어요?

 Peek-a-boo, I see you.

까꿍, 여기 있지.

It's in the paper cup.

종이컵 안에 있지.

 Where is the bear?

곰이 어디 있지?

 Peek-a-boo, I see you.

까꿍, 여기 있지.

It's behind the paper cup.

종이컵 뒤에 있지.

71 동사 로또

🎧 unit 71

간질이고 방귀 뀌고, 찡그리고, 뽀뽀하고…… 이런 일상적인 동사 표현들을 로또를 통해 익혀 볼까요? 동사 리스트를 만들 때는 아이가 재미있어 할 것들로 골라 보세요.

준비물

볼풀공 10개, 티슈 박스, 도화지

공에 1~10까지 쓴 후, 티슈 박스 안에 넣어 둡니다.

Let's write the numbers on the ball.

공에 숫자를 쓰자.

벽에 10가지 동사 리스트를 적어 두고, 아이에게 공을 하나 뽑게 합니다.

You chose number 7.

너 7번 뽑았구나.

해당 번호의 행동을 하게 합니다.

Let's see what's number 7. Frown seven times!

7번이 뭘까 보자. 얼굴 찡그리기 7번!

Fart once.
방귀를 한 번 뀌세요.

Yawn twice.
하품을 두 번 하세요.

Burp three times.
트림을 세 번 하세요.

Tickle Daddy five times.
아빠를 다섯 번 간질이세요.

Smile seven times.
일곱 번 웃으세요.

Wink eight times.
여덟 번 윙크하세요.

 '~번'이라는 횟수를 말하는 표현은 **once**(한 번), **twice**(두 번) 외에는 **~ times**(~번)를 숫자 뒤에 붙여 주면 됩니다.

153

동사·전치사

Simon says ···

unit 72

Simon says를 붙이고 명령하면 시키는 대로 동작을 하고, Simon says를 붙이지 않고 말하면 따라하지 않는 게임입니다. 놀이를 통해서 아이의 집중력을 키울 수 있어요.

Simon says를 붙여 명령해 봅니다.

Simon says, make your body as small as possible.

사이먼이 말하길, 몸을 최대한 작게 만들어 봐.

Simon says를 붙이지 않고 지시해 봅니다.

Head up. Oh, I didn't say Simon says.

머리를 들어 봐. 어, '사이먼이 말하길'이라고 안 했는데.

이번에는 Simon says 뒤에 부정문을 넣어 봅니다.

Simon says, don't move.

사이먼이 말하길, 움직이지 마.

Simon says, touch your tummy.
사이먼이 말하길, 배를 만져 봐.

Simon says, wave your hand.
사이먼이 말하길, 손을 흔들어 봐.

Simon says, point to the picture.
사이먼이 말하길, 사진을 가리켜 봐.

Simon says, dance.
사이먼이 말하길, 춤을 춰 봐.

Walk like a crab.
게처럼 (옆으로) 걸어 봐.

Do it only when I say "Simon says".
엄마가 '사이먼이 말하길'이라고 말할 때만 그 행동을 하는 거란다.

저 좀 보세요

한 아이가 표현하는 동작에 맞는 단어 카드를 다른 아이가 찾아내는 게임입니다. 게임이 끝난 후, 맞힌 카드를 많이 가지고 있는 사람이 승자입니다.

준비물

행동 그림, 도화지

step 1

동작이 들어간 그림 카드 중 한 장을 뽑게 합니다.

Pick one action card.

동작 카드 한 장을 뽑으렴.

step 2

뽑은 동작을 상대방에게 행동으로 표현하게 합니다.

What is she doing?

무슨 행동을 하는 걸까?

step 3

동작에 맞는 단어 카드를 고르게 합니다.

Good! It was "drink".

맞았다! '마시다'였어.

I'll pick one card. Watch me and guess what it is.

엄마가 카드를 한 장 고를게. 엄마를 보고 어떤 단어인지 맞혀 봐.

 It's "drive".

'운전'하는 거예요.

 Good! Now it's your turn.

잘했어! 이번엔 네가 해 보렴.

 What am I doing?

제가 뭐 하고 있을까요?

 You're sitting on the chair.

음, 의자에 앉아 있구나.

 No, you are wrong. I'm peeing.

틀렸어요. 지금 쉬야 하는 거예요.

 에릭 칼의 《**From Head To Toe**》를 함께 읽어 봐요. 다양한 동사를 익힐 수 있어요.

동사·전치사

74 곰인형아, 어디 있니?

🎧 unit 74

전치사는 명사나 동사에 비해 가르치기가 쉽지 않죠? 일주일에 1개씩 생활 속에서 반복하다 보면 자연스럽게 익혀진답니다.

준비물

장난감, 큰 상자, 작은 상자

Step 1

곰인형을 빈 상자에 넣고 찾는 척합니다. 아이가 상자 안에 있다고 알려 줄 겁니다.

Where is the teddy bear? Teddy bear, where are you?

곰인형이 어디 갔지? 곰인형아, 어디 있니?

Step 2

아이와 함께 in the box를 연습합니다.

In the box. Teddy bear is in the box.

상자 안에 있네. 곰인형이 상자 안에 있어.

Step 3

아이가 직접 상자에 들어가게 하여 in the box를 익히게 합니다.

Now you are in the box.

이제 네가 상자 안에 있구나.

Rabbit, rabbit, where are you?

토끼가, 토끼야, 어디 갔니?

Where is the rabbit?

토끼가 어디 갔지?

Oh! I found it.

어! 저 찾았어요.

Under the desk. The rabbit is under the desk.

책상 밑에 있네. 토끼가 책상 밑에 있어.

On the table. The rabbit is on the table.

탁자 위에 있네. 토끼가 탁자 위에 있어.

아이가 직접 책상 밑과 탁자 위에 올라가서 전치사를 몸으로 체험할 수 있도록 해 주시는 것도 좋아요..

과자 찾기

아이들이 좋아하는 과자를 집안 곳곳에 숨겨 두고 전치사 표현을 연습해 보세요. 과자를 찾는 놀이라 전치사가 아이들 귀에 쏙쏙 들어갑니다.

준비물
- - - - - - - - - - - - - -
색도화지, 과자

과자를 집안 곳곳에 숨겨 둡니다.

Let's find the cookies.

자, 과자 찾기 놀이를 해 보자.

과자의 위치를 전치사 문장으로 표현해 줍니다.

The cookie is under the sofa. Let's find it!

과자가 소파 밑에 있어. 찾아보자!

찾은 과자는 맛있게 먹고, 나머지 과자들도 찾게 합니다.

Where is another cookie?

다른 과자는 어디에 있을까?

Where is another cookie?
다른 과자가 어디에 있니?

It says it's between the sofa and the table.
소파와 탁자 사이에 있대.

It's behind the plant.
화분 뒤에 있대.

It's in the desk drawer.
책상 서랍 안에 있대.

It's next to the DVD player.
DVD 플레이어 옆에 있대.

It's in front of the microwave.
전자레인지 앞에 있대.

76 슬픈 낙엽, 기쁜 낙엽

🎧 unit 76

아이들도 슬플 때가 있고, 화가 날 때도 있어요. 오늘은 낙엽 위에 다양한 표정을 만들며 감정표현들을 배워 봐요. 낙엽이 없으면 화분의 나뭇잎을 이용하세요.

준비물
- - - - - - - - - - - - - -
낙엽, 송곳, 색종이

step 1

낙엽에 구멍을 내어 다양한 표정을 만듭니다.

Let's show our feelings!

감정을 표현해 보자!

step 2

1을 색종이에 붙이고, 단어를 옆에 적습니다.

This is a bored face!

이건 지루한 얼굴이네.

step 3

잘 보이는 곳에 걸어 두고, 감정에 대해 묻고 답해 봅니다.

Look at the leaf! How is it feeling?

나뭇잎 좀 봐! 나뭇잎의 기분이 어떨까?

162

How are you feeling?

오늘 기분 어떠니?

I'm happy.

기분이 좋아요.

I'm so-so.

그냥 그래요.

I feel bad.

기분이 나빠요.

How is the leaf feeling?

이 나뭇잎은 기분이 어떨까?

It's sad. It's crying.

슬퍼해요. 울고 있어요.

Look at another leaf. It must be angry.

다른 나뭇잎 좀 봐. 화가 났나 봐.

형용사 주사위

사물의 특징을 나타내는 형용사는 일상생활에서 많이 쓰여요. 아이들과 함께 '형용사 주사위' 놀이를 하며, 일상에서 많이 쓰는 형용사 표현들을 익혀 보도록 해요.

준비물
- - - - - - - - - - - -
티슈 상자, 색종이

step 1

티슈 상자를 잘라서 주사위를 만듭니다.

Let's make a die.

주사위를 만들어 보자.

step 2

색종이를 붙여 장식하고 형용사를 각 면에 한 개씩 적어 둡니다.

There is a word on each side. Let's roll the dice!

각 면에 단어가 있어. 주사위를 던져 보자!

step 3

주사위를 던져 나온 형용사에 해당하는 사물을 주위에서 찾아봅니다.

Can you find something light? / Cotton is light.

가벼운 건 뭐가 있을까? / 솜이 가벼워요.

Let's roll the dice. What do you have?
주사위를 던져 보자. 뭐가 나왔니?

I have "tall".
'tall'이 나왔어요.

Find a thing that is tall.
키가 큰 것을 찾아봐.

I found it. It's Daddy.
찾았어요. 아빠요.

Find something fast.
빠른 것을 찾아봐.

I found it. The train is fast.
찾았어요. 기차가 빨라요.

78 큰 손, 작은 손

🎧 unit 78

아이에게 크기에 대한 개념을 어떻게 가르치세요? 아이들이 직접 눈으로 확인하여 big&small의 개념을 익히게 해 주세요.

준비물
- - - - - - - - - - - - -
도화지, 물감, 앞치마

step 1

아이의 손바닥에 물감을 묻힙니다.

Let's put our handprints on the paper.
손바닥 도장을 찍어 보자.

step 2

도화지에 다양한 색깔로 손도장을 찍습니다.

Daehyun's hands are bigger than Seojin's.
대현이 손은 서진이 손보다 크네.

step 3

벽에 걸어 두고, 손의 크기를 비교해 봅니다.

Whose hands are smaller? / Seojin's.
누구 손이 더 작을까? / 서진이 손이요.

Whose hands are these? They are so small.
이건 누구 손일까? 아주 작네.

 They're the baby's.
아기 거예요.

 Whose hands are biggest in our family?
우리 식구 중에 누구 손이 제일 클까?

 Daddy's.
아빠 손이요.

 Whose feet are the second smallest?
누구 발이 두 번째로 작을까?

 Mine.
제 발이요.

 영어동화 《**Goldilocks and The Three Bears**》를 읽으면 이 놀이를 더욱 재미있게 할 수 있답니다.

감정 부채

부채로 부채질만 하세요? 오늘은 예쁜 부채를 만들어 감정을 표현해 봐요.

준비물

도화지, 나무젓가락 또는 요플레 숟가락 2개

step 1

도화지에 여러 가지 감정이 담긴 얼굴을 그립니다.

Let's make fans.

부채를 만들어 보자.

step 2

1에 나무젓가락 또는 요플레 숟가락 두 개를 포개어 붙입니다.

These are feeling fans.

감정을 표현하는 부채란다.

step 3

아이가 느끼는 감정을 표현하는 부채를 아이에게 집게 합니다.

You're eating cookies. How are you feeling? / I feel happy.

과자를 먹고 있네. 기분이 어때? / 기분 좋아요.

What makes you happy?
무엇이 너를 행복하게 하니?

Playing with Mom makes me happy.
엄마랑 놀면 행복해져요.

What makes you sad?
무엇이 너를 슬프게 하니?

Saying "good bye" to Grandma makes me sad.
할머니한테 '안녕히 가세요'라고 인사할 때 슬퍼요.

What makes you angry?
무엇이 너를 화나게 하니?

Sharing this chicken with my brother makes me angry.
이 치킨을 남동생하고 나눠 먹으면 화나요.

형용사

80

날씨 가방

계절에 따라 달라지는 기온! 따뜻하고, 덥고, 서늘하고, 춥다는 표현을 날씨 가방을 만들며 익혀 봐요.

준비물

색도화지 4장, 끈, 날씨 그림

step 1

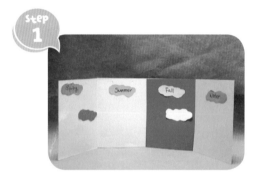

색도화지를 연결하여, 사계절 칸을 만듭니다.

Let's make a weather bag!

날씨 가방을 만들어 보자!

step 2

계절에 맞춰 warm, hot, cool, cold 등을 적고, 어울리는 그림들을 붙입니다.

The summer is hot, and the winter is cold.

여름은 덥고, 겨울은 춥단다.

step 3

끈을 달아 가방처럼 만들면 완성!

It's cool. What season is it? / It's fall.

시원하네. 어떤 계절일까? / 가을이에요.

What season is it now?
지금은 무슨 계절이지?

It's summer.
여름이에요.

If it's warm, what season is it?
날씨가 따뜻하면, 무슨 계절일까?

It's spring.
봄이에요.

If it's freezing, what season is it?
날씨가 아주 추우면, 무슨 계절일까?

It's winter.
겨울이에요.

날씨에 어울리는 다양한 사물을 연결 짓도록 해 보세요. 가령 '여름' 하면 떠오르는 선글라스, 민소매 셔츠, 반바지 등을 말해 보게 합니다.

171

🎧 unit 81

감각
81
무슨 맛이야?

우리 몸에는 다섯 가지 감각이 있어요. 그 중에서 오늘은 미각, 즉 맛에 대해 배워 봐요.

준비물

소금, 설탕, 핫소스(고춧가루), 커피 가루

step 1

그릇에 다양한 맛의 재료를 넣고, 단어 카드를 준비합니다.

Let's taste!

맛을 보자!

step 2

아이에게 그릇 안에 담긴 것을 맛보게 합니다.

Try the white one.

하얀 것 좀 맛보렴.

step 3

어떤 맛인지 단어 카드를 고르게 합니다.

What does it taste like? / It's salty.

무슨 맛이지? / 짜요.

How does the honey taste?

꿀은 어떤 맛이니?

It's sweet.

달아요.

Is hot sauce hot or bland?

핫소스는 매울까, 아니면 밋밋한 맛일까?

It's hot.

매워요.

How does the soy sauce taste?

간장은 어떤 맛이니?

It's salty.

짜요.

 '싱겁거나 (맹맹하여) 아무 맛이 안 나다'는 **bland**라고 표현해요.

173

감각
82

멍멍! 야옹! 음매~

🎧 unit 82

동물 울음소리가 나라마다 다른 것도 참 재미있죠? 아이와 함께 동물 울음소리를 흉내 내어 보고, 동물 이름도 함께 익혀 보세요.

준비물

동물 그림, 종이컵, 도화지

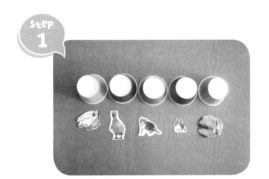

동물 그림을 종이컵 안에 숨깁니다.

What sounds do the animals make?

동물들은 어떤 소리를 낼까?

종이컵 하나를 열어, 나온 동물의 울음소리를 흉내 냅니다.

What's under the paper cup? What does the cat say?

종이컵 안에 뭐가 있지? 고양이는 어떻게 울지?

동물에 맞는 단어 카드를 집게 합니다.

Pick the right card.

맞는 카드를 골라 보렴.

174

The dog says, "Woof, woof".

개는 '멍멍' 하고 짖는단다.

The cat says, "Meow, meow".

고양이는 '야옹야옹' 하고 울어.

The cow says, "Moo, moo".

소는 '음매' 하고 울지.

The horse says, "Neigh, neigh".

말은 '히히힝' 하고 울어.

The sheep says, "Baa, baa".

양은 '매매' 하고 울어.

The duck says, "Quack, quack".

오리는 '꽥꽥' 하고 울어.

 영어동화《**Moo Baa La La La**》는 동물들의 울음소리를 재미있게 묘사하고 있답니다.

감각
83 만지고 느껴 보세요!

🎧 unit 83

주물럭주물럭! 아이와 함께 주변 사물을 만지면서 촉각에 관련된 표현을 배워 봐요. 직접 만지면서 배운 건 좀처럼 잊어 버리지 않아요.

준비물
- - - - - - - - - - - - - -
티슈 박스, 색종이, 다양한 촉감의 사물들

step 1

티슈 상자를 이용해 Touch & Feel 상자를 만듭니다.

This is a touch-and-feel box.

이건 만지고 느끼는 상자란다.

step 2

상자 안에 물건을 넣고 아이가 그 촉감을 느껴 보게 합니다.

I put something in there. Touch it.

상자 안에 뭘 넣었단다. 만져 봐.

step 3

만져 본 촉감에 해당하는 단어 카드를 고르게 합니다.

How does it feel? / It's soft.

느낌이 어때? / 부드러워요.

176

A baby's hand is soft.
아기 손은 부드러워.

Butter is sticky.
버터는 끈적거려.

Daddy's face is scratchy.
아빠 얼굴은 까슬까슬해.

The jeans are rough.
청바지는 거칠어.

A desk is hard.
책상은 딱딱해.

A winter jacket is fluffy.
겨울 재킷은 푹신푹신해.

분유통 드럼

🎧 unit 84

생활 속 물건들은 모두 악기가 될 수 있어요. 오늘은 빈 우유통을 이용하여 악기를 만들어 봐요. 드럼채는 실로폰채나 연필, 나무젓가락 등을 이용하면 됩니다.

준비물

색도화지, 나무 막대, 스카치테이프, 빈 분유통

step 1

빈 분유통을 색도화지로 장식합니다.

Let's beat the drum.

드럼을 연주해 보자.

step 2

드럼을 세게 쳐서 큰 소리를 내도록 합니다.

Beat the drum hard. It will make a loud sound.

드럼을 세게 쳐 봐. 큰 소리가 날 거야.

step 3

이번에는 작은 소리를 내게 합니다.

Now beat the drum slowly. It will make a low sound.

드럼을 살살 쳐 봐. 소리가 작을 거야.

놀이하며 배워요

play the piano 피아노를 치다

play the castanets 캐스터네츠를 치다

play the violin 바이올린을 연주하다

play the harmonica 하모니카를 불다

play the flute 플룻을 불다

play[beat] the drum 북을 치다

play the guitar 기타를 치다

play the xylophone 실로폰을 치다

 영어동요 〈**I Am the Music Man**〉과 함께 연계하여 학습하면 좋아요.

주물럭주물럭 찰흙!

집에서 만든 찰흙으로 아이와 함께 주물러 보고, 쾅쾅 두드려도 보면서 즐거운 한때를 보내 봐요. 미지근한 물로 반죽하면 더 잘됩니다.

준비물

밀가루 2컵, 물감, 식용유 약간, 물 2/3컵

step 1

그릇에 밀가루와 물, 식용유를 넣고 잘 섞어 줍니다.

We're going to make playdough today.

오늘은 색깔 찰흙을 만들어 볼 거야.

step 2

1을 나누어 물감을 넣으면, 여러 가지 색깔의 찰흙을 만들 수 있어요.

**What do you want to make?
/ I want to make fruit.**

무엇을 만들어 볼까? / 과일을 만들어 볼래요.

step 3

원하는 모양대로 만들어 봅니다.

Roll the clay out long like this, and let's make a snake!

길게 굴려서 뱀을 만들자!

Knead like this.

이렇게 주물러 봐.

Roll it around! It looks like a ball.

동글동글 굴려 봐. 공처럼 생겼네.

Now put some in your palm.

손바닥 위에 조금만 올려놓으렴.

Now pound on it!

이제 쿵쿵 두드려 봐!

Make it flat!

넓적하게 만들어 봐!

수
⦿86 숫자 DDR!

🎧 unit 86

One, two, three...! 신나는 DDR로 숫자를 영어로 익혀 봐요. 이 게임은 숫자 뿐 아니라 알파벳을 익히는 데도 참 좋아요.

준비물

색도화지, 사인펜, 가위, 스카치테이프

step 1

바닥에 0부터 9까지의 숫자판을 붙입니다.

Let's play with numbers!
우리 숫자 놀이를 해 보자!

step 2

아이에게 질문을 하고, 답에 해당하는 숫자 위에 서게 합니다.

How many people in this room?
/ There are three.
이 방에 몇 명이 있지? / 세 명이요.

step 3

아빠의 전화번호를 소리 내어 말하며 숫자를 밟아 봅니다.

Let's call Daddy. It's 011-8765-4321.
아빠에게 전화해 보자. 011-8765-4321야.

182

Count the numbers.

숫자를 세어 보렴.

Can you count 1 to 10?

10까지 셀 수 있니?

How old are you? Stand on the number.

너는 몇 살이지? 해당하는 숫자에 서 봐.

I'm 4 years old.

네 살이요.

Let's call Grandpa's. It's 031-1234-5678.

할아버지 댁에 전화하자. 031-1234-5678이야.

영어로 숫자를 익힐 때는 영어동요 〈**Ten Little Indians**〉나 〈**Five Little Monkeys Jumping on the Bed**〉 등을 활용해도 좋아요.

수 87 과자가 몇 개?

 unit 87

아이들은 과자 먹을 때 말을 참 잘 듣죠? 맛있는 과자도 먹고, 간단한 수 개념도 영어로 익혀 봐요.

준비물
- - - - - - - - - - - - -
과자, 접시

접시에 과자를 세 개 올려놓습니다.

There are three cookies on your plate.

접시에 과자가 3개 있네.

과자를 한 개 더 올려 주고, 개수를 물어 봅니다.

How many cookies are there?
/ There are four.

과자가 몇 개가 있지? / 4개요.

과자를 한 개 먹고, 다시 나머지 개수를 물어 봅니다.

Have this cookie. Count the cookies on the plate.

이 과자를 먹으렴. 접시에 있는 과자들을 세어 봐.

How many cookies are there?

과자가 몇 개 있지?

 There are five cookies.

과자가 5개 있어요.

 You just ate a cookie! Now how many cookies are left?

네가 방금 과자 하나 먹었지! 이제 과자가 몇 개 남았어?

 There are four cookies left.

4개가 남았어요.

 I'll give you two more cookies. How many cookies are there now?

엄마가 2개를 더 줄게. 이제 몇 개지?

 There are six cookies.

6개 있어요.

아이들과 함께 문구점에서 색모래를 사서 재미있는 숫자놀이를 해 봐요. 굳이 색모래가 아니라 놀이터에 있는 모래를 뿌려도 괜찮아요.

준비물

흰 도화지, 색모래, 물풀

Step 1

도화지에 물풀로 숫자를 여러 개 씁니다.

I'll show you magic.
엄마가 신기한 것을 보여줄게.

Step 2

물풀로 쓴 숫자 위에 색모래를 뿌립니다.

I'll sprinkle some sand on them.
그 위에 모래를 뿌려 볼게.

Step 3

나온 숫자들을 큰 소리로 읽어 보게 합니다.

Read the numbers.
숫자를 읽어 보렴.

There's nothing on the paper.

종이에 아무것도 없어.

Ta-da! What do you see?

짜잔! 뭐가 보이니?

 Five!

5요!

 Right! Clap your hands five times.

맞았어! 손뼉을 다섯 번 쳐봐.

 Clap, clap, clap, clap, clap.

짝짝짝짝짝.

 Write the number with the glue.

풀로 숫자를 써 보렴.

Now shake off the sand.

이제 모래를 털어 보렴.

 모래 놀이는 알파벳이나 모형을 배울 때도 효과적입니다.

아이들과 과일이나 피자, 팬케이크를 먹을 때 살짝 분수에 대해 얘기해 주세요. 반과 1/4같은 개념을 배울 수 있어요.

준비물

팬케이크, 플라스틱칼, 쟁반

step 1

팬케이크를 플라스틱 칼로 자르게 합니다.

Let's cut the pancake. This is a half.

팬케이크를 반으로 자르자. 이게 1/2조각이야.

step 2

4조각이 되도록 한 번 더 자릅니다.

Let's cut once more.

한 번 더 잘라 보자.

step 3

1/4 개념을 설명한 후 먹게 합니다.

This is a quarter. Now it's time to eat.

이게 1/4이란다. 이제 먹어 볼까?

How many pieces are there?
몇 조각이지?

Two.
2개요.

This is a half.
이게 1/2조각이란다.

Now there are four pieces.
이제 4조각이 되었어.

We just finished a half of the pancake. How much is left?
방금 우리가 팬케이크의 반을 먹었어. 얼마나 남았지?

Another half.
또 다른 반이요.

189

병아리가 닭이 되었어요

알에서 병아리, 그리고 닭이 되기까지의 과정은 참 신기해요. 성장과정을 얘기하며 First, Second, Third 등을 배워 봐요.

준비물

색도화지, 압정, 색종이

step 1

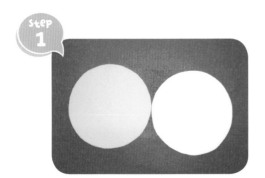

도화지를 원 모양으로 두 개 준비합니다.

Let's make a life cycle spinner.

성장 과정을 보여주는 회전판을 만들어 보자.

step 2

종이를 4등분하고, 병아리가 닭이 되는 과정을 그려 넣습니다.

This will show you how eggs become chickens.

이게 달걀이 닭이 되는 과정을 보여줄 거야.

step 3

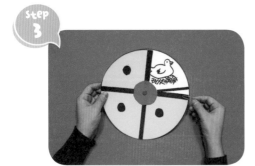

원을 돌려, 가리키는 위치에 있는 그림에 대해 이야기 해 봅니다.

A chicken sits on eggs.

닭이 알을 품지.

First, a chicken lays eggs.

첫째, 닭은 알을 낳는단다.

Second, it sits on the eggs.

둘째, 닭이 알을 품지.

Third, the baby chick breaks out of the egg.

셋째, 병아리가 알을 깨고 나오지.

Fourth, it becomes a chicken!

넷째, 그것이 닭이 된단다!

Then it lays eggs.

그리고 또, 그 닭이 알을 낳는단다.

 '알을 낳다'는 **lay eggs**라고 합니다.

91

냠냠! 바나나 샐러드

🎧 unit 91

백화점 문화센터나 영어유치원 프로그램을 보면 '영어'와 '요리'를 연계한 것들이 참 많아요. 집에서도 충분히 할 수 있으니, 오늘 당장 도전해 보세요.

준비물

바나나 및 각종 과일, 플라스틱칼, 요구르트

step 1

바나나 및 각종 과일을 준비합니다.

Let's make fruit salad! Peel the banana.
과일 샐러드를 만들자! 바나나 껍질을 벗겨 봐.

step 2

플라스틱칼로 바나나를 자르게 합니다.

Cut the banana.
바나나를 잘라 봐.

step 3

준비한 재료에 요구르트를 부으면 완성!

Pour in the yogurt. Let's eat!
요구르트를 부어 봐. 먹자!

Can you wash the cherry tomatoes for me?

방울토마토 좀 씻어 줄래?

I'll peel the apples.

엄마가 사과 껍질을 깎을게.

Let's boil the eggs.

계란을 삶자.

Add a little salad dressing.

드레싱을 살짝 뿌려 봐.

Now it's time to mix in everything.

이제 재료들을 모두 섞자.

🎧 unit 92

요리
92
과자로 만든 집

오늘은 《헨젤과 그레텔》에 나오는 과자로 만든 집을 만들어 봐요. '과자건축전'에 굳이 가지 않더라도 즐거운 체험학습이 가능해요.

준비물

과자, 잼, 이쑤시개

step 1

아이와 함께 《헨젤과 그레텔》을 읽습니다.

A long long time ago, there lived Hansel and Gretel.

옛날 어느 마을에 헨젤과 그레텔이 살았습니다.

step 2

웨하스, 딸기잼, 이쑤시개를 이용하여 집을 만듭니다.

Let's make a bread house.

과자로 된 집을 만들어 보자.

step 3

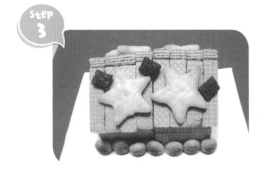

각종 과자들로 장식한 후, 영어 연극을 해 봅니다.

When Hansel's fat, I'll eat him up.

헨젤이 뚱뚱해지면, 먹어 버려야지.

Have you ever read "Hansel and Gretel"?

'헨젤과 그레텔' 이야기 읽어 봤니?

 What is this house made of?

이 집은 무엇으로 만들어졌을까?

It's made of crackers and cookies.

과자로 만들었단다.

Let's knock on the door.

문을 두드려 보자.

Who's going to answer the door?

누가 안에서 나올까?

 A witch.

마녀요.

요리

93

알록알록 고구마 경단

🎧 unit 93

오늘은 고구마로 특별한 간식을 준비해 보세요. 아주 간단해서, 아이들과 함께 만들어 볼 수 있어요.

준비물
- - - - - - - - - - - - -
고구마, 빵가루, 당근, 오레오, 가루녹차 등

step 1

찐 고구마를 으깨 동그랗게 빚습니다.

Do you want to make sweet potato balls?

고구마 경단을 만들어 볼까?

step 2

1을 당근, 가루녹차, 오레오 등에 굴립니다.

Let's roll the balls over.

경단을 굴려 보자.

step 3

아이와 색깔에 대해 이야기하면서 맛있게 먹습니다.

What color is it? / It's green.

무슨 색이니? / 초록색이에요.

Have these sweet potato balls.

이 고구마 경단을 먹어 보렴.

They're spheres.

구 모양이야.

Pick the red one.

빨간 경단을 집어 보렴.

What does it taste like?

무슨 맛이니?

It's like a carrot.

당근 맛 같아요.

 아이들이 먹거나 놀고 있을 때가 영어로 대화하기 가장 좋은 순간이에요.

요리

94 엄마표 하드

🎧 unit 94

아이들은 하드 참 좋아하죠? 엄마표 하드를 직접 집에서 만들어 보세요. 주스를 반만 부어 얼리고, 다른 색의 주스를 또 넣어 얼리면 예쁜 하드가 돼요.

준비물

종이컵, 젓가락, 과일 주스

step 1

주스를 종이컵에 따릅니다.

Let's make homemade popsicles.

우리집표 하드를 만들어 보자.

step 2

막대를 넣고, 냉동실에 얼립니다.

We need to put them in the freezer and wait.

냉동실에 넣고 기다려야 해.

step 3

종이컵을 벗기고, 먹습니다.

How does it taste?/ It's very good.

맛이 어때? / 아주 맛있어요.

Pour the juice into the cup.

컵에 주스를 부으렴.

Let's put the cups in the freezer. We need to wait at least 5 hours.

냉동실에 넣자. 적어도 5시간 기다려야 해.

It's not frozen yet.

아직 안 얼었네.

Wow, it's frozen.

와, 다 얼었다.

Peel back the cup and enjoy.

컵을 벗기고, 먹어 봐.

 막대는 종이컵의 주스가 살짝 얼은 후(약 3시간) 넣어야 똑바로 서요.

요리
95 홈메이드 초콜릿

🎧 unit 95

어른, 아이 할 것 없이 누구나 좋아하는 초콜릿! 간단하게 집에서 아이와 함께 초콜릿을 만들어 아빠나 친구들에게 선물해 봐요. 꼬마 요리사의 어깨가 으쓱해진답니다.

준비물

시판용 홈메이드 초콜릿

시판용 홈메이드 초콜릿을 따뜻한 물에 녹입니다.

Let's make a chocolate for Dad.
아빠를 위해 초콜릿을 만들어 보자.

아이에게 모양틀에 초콜릿을 짜 넣게 합니다.

Can you squeeze the chocolate into a heart mold?
하트 모양의 틀에 초콜릿을 짜 볼래?

사랑의 문구까지 써 넣으면 완성!

Let's write "I love you, Dad!"
"아빠, 사랑해요!"라고 쓰자.

200

Let's make homemade chocolate.
집에서 초콜릿을 만들어 보자.

Melt chocolate first.
먼저 초콜릿을 녹여야 해.

Squeeze it into a bear mold.
곰돌이 틀에 짜 봐.

We need to wait for it to cool down.
식을 때까지 기다려야 돼.

 Who are you going to give this to?
이건 누구한테 선물할 거니?

 To Daddy.
아빠한테요.

명절·행사
96

🎧 unit 96

할로윈 모자

요즘에는 우리나라에서도 할로윈 데이를 즐깁니다. 아이와 함께 우리만의 할로윈 파티를 해 보세요.

준비물
- - - - - - - - - - -
검은색 도화지 2장, 노란색 도화지 1장, 색종이

step 1

검은 도화지를 이용해 챙이 있는 모자를 만듭니다.

Let's celebrate Halloween day.

할로윈 데이를 즐겨 보자.

step 2

주황색 색종이로 호박장식을 만들고, 길게 자른 노란 도화지를 구겨 붙입니다.

We made a pointy hat with hair.

머리카락이 달린 뾰족한 모자가 되었네.

step 3

아이와 모자를 쓰고 할로윈 파티를 해봅니다.

Trick or treat.

사탕 안 주면 골탕 먹일 거예요.

When is Halloween?
할로윈이 언제일까?

It's October 31.
10월 31일이에요.

On Halloween day, children can get candy.
할로윈 때는 아이들이 사탕을 얻을 수 있어.

Trick or treat!
사탕 안 주면 골탕 먹일 거예요!

Here is the candy.
사탕 여기 있단다.

Thank you! Happy Halloween!
고맙습니다! 즐거운 할로윈 데이 보내세요!

명절·행사

97 부활절 달걀 찾기

🎧 unit 97

'부활절'은 서양에선 우리 설날이나 추석에 버금가는 큰 명절입니다. 아이들과 함께 부활절 달걀을 만든 후, 집 안 곳곳에 숨겨 놓고 찾으며 놀아 봐요.

준비물
- - - - - - - - - - - - -
물감 또는 크레파스, 삶은 계란

step 1

삶은 계란을 준비합니다.

Let's make an Easter Egg for Daddy!

아빠를 위해서 부활절 달걀을 만들자!

step 2

색종이와 스티커를 이용해 달걀을 꾸밉니다.

Draw the pictures on the eggs.

달걀 위에 그림을 그려 보렴.

step 3

부활절 계란을 집안에 숨겨 놓고, 아이에게 찾아보게 합니다.

I hid the Easter eggs in the house. Find them.

집안에 부활절 달걀을 숨겨 놓았어. 찾아보렴.

204

Let's find the Easter eggs.

부활절 달걀을 찾아보자.

Is it behind the door? It's not!

문 뒤에 있나? 없네!

Is it under the table? No, it's not there.

탁자 밑에 있나? 아니, 없네.

Is it on the TV?

TV 위에 있나?

Yes, I found it.

네, 찾았어요.

미국에서는 부활절 행사의 하나로 달걀 찾기를 하곤 하는데, 이것은 토끼들이 풀밭에 알을 낳는다고 믿었던 데서 나온 풍습이에요. 로마 사람들은 '모든 생명은 알에서 나온다'고 믿었죠. 기독교인들은 알을 생명의 씨앗이라 생각 했고, 예수님의 부활을 상징하는 물건으로 사용했답니다.

크리스마스 트리

🎧 unit 98

산타클로스 할아버지가 선물을 주러 오시는 크리스마스! 아이와 함께 트리를
장식하며 크리스마스 기분을 즐겨 봐요!

준비물

초록색 도화지 3장, 나무젓가락, 종이컵, 색종이

Step 1

초록색 도화지 세 장을 반으로 접은 후 트리 모양으로
자릅니다.

Let's make a Christmas tree!
크리스마스 트리를 만들자!

Step 2

1을 서로 붙이고, 색종이를 잘라 장식합니다.

Please put the star on top of the tree.
트리 꼭대기에 별을 붙여 줄래?

Step 3

나무젓가락을 붙이고 종이컵에 꽂아 세우면 완성!

Wow, it's a beautiful Christmas tree!
와, 멋진 트리다!

When is Christmas?

크리스마스는 언제일까?

 It's December 25.

12월 25일이에요.

 What do you want for Christmas?

크리스마스 때 뭘 받고 싶니?

 I want a toy car.

전 장난감 차가 있으면 좋겠어요.

 If you have been a good boy, Santa will get it for you.

올해 착한 어린이였다면, 산타할아버지가 가져다 주실 거야.

 미국에서는 원래 크리스마스 시즌에 **Merry Christmas!**(즐거운 크리스마스 보내세요!)라고 인사를 했지만, 요즘에는 **Happy Holidays!**(즐거운 명절 되세요!)라고 인사합니다. 미국은 다양한 인종이 모여 살기 때문에, 기독교를 믿지 않는 다른 종교인들도 배려하는 뜻이랍니다.

207

명절·행사
99 밸런타인 데이 팝업 카드

🎧 unit 99

밸런타인 데이가 되면 은근히 초콜릿과 선물을 기다리는 아빠를 위해 아이와 함께 사랑의 밸런타인 카드를 만들어 봐요. 간단한 팝업만으로도 특별한 카드가 됩니다.

준비물

색도화지, 색종이, 사진

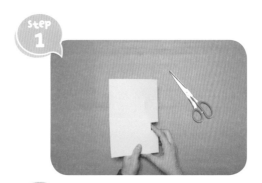

step 1

종이를 반으로 접고, 가운데 부분을 11모양으로 자릅니다.

Let's make a Valentine's day card.

밸런타인 데이 카드를 만들어 보자.

step 2

11모양으로 자른 면을 밀어 세우고 그 위에 장식을 붙입니다.

Let's put my lovely daughter Minji's picture on it.

우리 이쁜 민지 사진을 붙여 주자.

step 3

카드 겉면을 만들어 붙이고, 아빠에게 할 말을 써 봅니다.

Write "I love you" to Daddy.

아빠한테 '사랑한다'고 써 보자.

208

Happy Valentine's Day!

밸런타인 데이를 즐겁게 보내세요!

Today is February 14.

오늘은 2월 14일이야.

It's Valentine's Day.

밸런타인 데이란다.

What do you want to say to Daddy?

아빠한테 뭐라고 하고 싶니?

I love you, Daddy. Daddy, be my Valentine!

아빠, 사랑해요. 아빠, 제 밸런타인이 되어 주세요!

 밸런타인 데이에는 **Be my Valentine!**(저의 밸런타인이 되어 주세요!)이라는 문구로 사랑을 고백한답니다.

생일 축하합니다

아이들은 케이크의 촛불 끄는 걸 참 좋아하죠? 진짜 케이크도 좋지만, 엄마와 함께 만든 재활용 케이크로도 즐거운 시간을 보낼 수 있어요.

준비물
- - - - - - - - - - - - - -
이쑤시개, 색종이, 컵라면 용기

step 1

이쑤시개에 색종이를 붙여 촛불을 만듭니다.

Let's make a birthday cake.

생일 축하 케이크를 만들자.

step 2

1을 컵라면 용기에 꽂습니다.

We need candles!

우리 초가 필요해!

step 3

생일 축하 놀이를 합니다.

Ta-da! Let's sing a song!

짜잔! 우리 노래를 부르자!

We made the birthday cake.

우리가 생일 축하 케이크를 만들었어.

Let's blow out the candles.

초를 불자.

Make a wish.

소원을 빌어 봐.

What is your wish?

네 소원은 뭐니?

I want to go to Everland. Blow!

에버랜드 가고 싶어요! 후!

Happy Birthday!

생일 축하해!

 tip 초를 케이크에 하나씩 꽂으면서 숫자를 세면, 숫자 연습도 할 수 있어요.

APPENDIX 그림카드

영어놀이에 자주 등장하는 그림카드 10종, 총 80컷이 수록되어 있습니다.

본 교재에 등장하는 영어놀이를 할 때 편리하게 오려서 활용하세요.

horse

elephant

pig

goat

cow

deer

bear

duck

zebra

giraffe

sheep

monkey

tiger

fox

lion

frog

Sea Animals

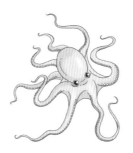

octopus

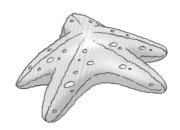

starfish

fish

squid

crab

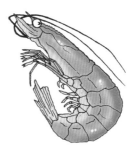

shrimp

clam

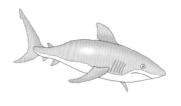

shark

Fruits

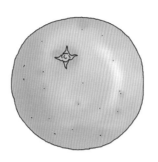

orange

watermelon

grapes

tangerine

banana

strawberry

apple

pineapple

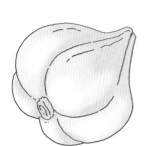

garlic

spinach

eggplant

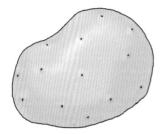

potato

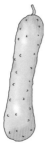

cucumber

onion

carrot

mushroom

Vegetables 2

cabbage

sweet potato

broccoli

corn

beans

radish

bean sprouts

lettuce

car

train

bus

taxi

bicycle

subway

airplane

ship

Family

grandmother

uncle

grandfather

baby

mom

sister

dad

brother

 **Jobs**

farmer

hair dresser

doctor

nurse

cook

police officer

bus driver

fire fighter

Countries

Korea

Japan

China

USA

Canada

UK

France

Mexico